DEUTSCHES BRANCHENHANDBUCH
FÜR INDUSTRIE UND HANDEL · Lieferung 10

LEDER UND SCHUHE
GUMMI UND ASBEST

RÜCKBLICK · STAND · AUSBLICK

für Industrie

       Großhandel

              Einzelhandel

Bearbeitet vom
Ifo-Institut für Wirtschaftsforschung
in Verbindung mit den Fachverbänden von Industrie und Handel

MÜNCHEN · MÄRZ 1954

GESAMTREDAKTION
Dr. Wilhelm Marquardt · Edgar Wolf

FACHREFERENTEN UND BEARBEITER
Dipl. Kfm. Ella-Maria Zürn · Julius Kruse

HANDELSREFERENT
Walter Hesse

Alle Rechte vorbehalten. Nachdruck auch auszugsweise nur mit Genehmigung des Herausgebers.
Verlag von Duncker & Humblot, Berlin und München

Vorbemerkung

Die im Februar 1950 herausgegebene Sonderschrift des Ifo-Instituts „Die Industrie Westdeutschlands, Jahresrückblick, Stand, Aussichten für 26 Industriezweige" diente dem Ziele, durch querschnittmäßige Untersuchungen ein möglichst wirklichkeitsnahes Bild der Branchen und Märkte zu gewinnen. Das positive Echo der Wirtschaftspraxis auf diesen ersten Versuch ermutigte uns, die begonnene Arbeit in einem größeren Rahmen und unter Einbeziehung auch des Handels fortzuführen. Im „Deutschen Branchenhandbuch für Industrie und Handel" soll versucht werden, erstmalig nach Kriegsende in einer Gesamtschau einen Überblick über die Struktur aller wichtigen Industrie- und Handelsbranchen in Westdeutschland, ihre Entwicklung in der jüngsten Zeit und die derzeitigen Probleme zu geben. Der Umfang der Arbeiten sowie das Bestreben, die einzelnen Beiträge möglichst aktuell zu halten, ließen eine Veröffentlichung in Einzellieferungen als zweckmäßig erscheinen. Als 10. Lieferung sind in dem vorliegenden Heft *Leder und Schuhe, Gummi und Asbest* behandelt.

Für die Unterstützung und Förderung unserer Arbeiten am „Deutschen Branchenhandbuch für Industrie und Handel" danken wir insbesondere dem Bundesverband der Deutschen Industrie, dem Gesamtverband des Deutschen Groß- und Außenhandels e.V. sowie der Hauptgemeinschaft des Deutschen Einzelhandels. Wir sind ferner vielen Fachverbänden verpflichtet, die durch Lieferung von Material und gesonderte Beiträge zur Vervollständigung der Darstellung beitrugen.

München, im März 1954.

DR. WAGNER

Inhaltsübersicht

LEDER UND SCHUHE .... R 1

I. Leder .... R 1

Stellung in der Gesamtwirtschaft (2) — Verlorene Rohstoff- und Absatzgebiete (2) — Starke Einfuhrabhängigkeit (3) — Der Häuteweltmarkt (4) — Der Großhandel mit Häuten und Fellen (5) — Natürliche und synthetische Gerbstoffe (5) — Württemberg-Baden wichtigster Standort (6) — Starke Streuung der Betriebsgrößen (7) — Strukturbildende Einflüsse (8) — Schwankende Lederpreise (10) — Hohe Rohstoffimporte (10) — Bescheidener Lederexport (11) — Unbefriedigende Ertragslage (12) — Modeabhängige Oberlederindustrie (13) — Unterleder im Kampf gegen Gummi und Krepp (14) — Feinleder durch Kunststoffe bedroht (15) — Ledergroßhandel in scharfem Wettbewerb (16) — Ausblick (17) —

II. Lederwaren .... R 18

Importabhängige Rohstoffversorgung (19) — Regionale Schwerpunkte (20) — Angebot und Nachfrage (21) — Steigender Export (22) — Zur Kosten- und Ertragslage (23) — Lederwaren (24) — Der Einzelhandel mit Leder- und Galanteriewaren (25) — Lederhandschuhe (28) — Waren aus Leder für technische Zwecke (29) — Ausblick (30) —

III. Schuhe .... R 31

Schuhverbrauch und Lebensstandard (31) — Freie Kapazitäten schon in der Vorkriegszeit (32) — Hoher Marktanteil der Großbetriebe (33) — Schuhmetropole Pfalz (33) — Schwankende Rohstoffpreise (34) — Einflüsse von Saison und Mode (35) — Im Auf und Ab der Marktpreise (36) — Schuhe als internationales Handelsgut (37) — Zur Ertragslage (38) — Straßenschuhe (39) — Arbeitsschuhe (40) — Hausschuhe und sonstige Schuhe (40) — Der Schuhgroßhandel vor neuen Aufgaben (41) — Die Bedeutung des Schuheinzelhandels (42) — Ausblick (44) —

GUMMI UND ASBEST .... S 1

I. Gesamtüberblick .... S 1

Entwicklung und Bedeutung (1) — Erschwerter Außenhandel (3) — Erzeugungsstruktur (3) —

II. Die Kautschukindustrie .... S 4

Die Folgen des Krieges (4) — Naturkautschuk — ein Monopol Südostasiens (5) — Wieder deutscher Kunstkautschuk (7) — Reifenerzeugung (8) — Hart- und Weichgummiwaren (9) — Gummiwaren wieder im Auslandsgeschäft (11) — Zwischen Hausse und Baisse (12) —

III. Asbestverarbeitung .... S 15

Struktur (15) — Kanada — Hauptlieferant für Asbest (16) — Preishandicap der westdeutschen Asbestindustrie (16) — Schwerer Start nach dem Zusammenbruch (17) — Wieder aktive Außenhandelsbilanz (17) —

IV. Ausblick .... S 18

LEDER UND SCHUHE

RÜCKBLICK — STAND — AUSBLICK

Vom Ifo=Institut für Wirtschaftsforschung unter Mitarbeit von: Verband der Deutschen Le= derindustrie, Frankfurt/M. Verband der Deutschen Lederwaren= und Kofferindustrie, Offen= bach. Arbeitsgemeinschaft der westdeutschen Lederhandschuherzeuger, Eßlingen/Neckar. Ver= band der Treibriemen=, technischen Lederartikel= und ASA=Industrie e. V. Düsseldorf. Verband des Deutschen Leder= und Galanteriewareneinzelhandels, Frankfurt. Verband der Deutschen Schuhindustrie, Düsseldorf. Bundesverband des Deutschen Schuheinzelhandels, Köln.

Abgeschlossen September 1953

I. LEDER

Die Ledererzeugung, in der die Tradition des Gerberhandwerks weiterlebt, ist einer der ältesten Gewerbezweige. Der Gebrauch des Leders war schon in der frühgeschichtlichen Zeit bekannt. Die Verwendung für Gegenstände des täglichen Bedarfs war erheblich vielseitiger als heute: aus Leder wurden Schmucksachen und Waffen gefertigt, es diente zur Bekleidung und für Lagerstätten, galt als Zeichen von Vornehmheit und Würde. Mineral=, Loh= und Fettgerbung waren bereits bekannt. Die damalige Lederfärbung ist zum Teil bis heute nicht wieder erreicht worden. Ein bedeutsamer Schritt in der Entwicklung der Ledererzeugung war die Chrom= gerbung, die um die Wende des 19. Jahrhunderts erstmals in USA erfolgreich durchgeführt wurde. Sie brachte wesentliche Veränderungen in die Struktur der Betriebsgrößen und des Kapitalaufbaus der ledererzeugenden Betriebe. Trotzdem konnten sich alte Gerbverfahren und die handwerklichen Betriebsformen bis heute behaupten. Auf der wissenschaftlichen Gerb= technik und der alten Gerbertradition baut heute die ledererzeugende Industrie auf.

Leder wird nach wie vor in allen Lebensbereichen benötigt und ist — trotz großer Fortschritte in der Kunststofferzeugung — infolge besonderer technologischer Eigenschaften und seiner steten Wertschätzung durch den Verbraucher nicht zu ersetzen. Die großen Verbrauchs= bereiche sind die Schuherzeugung und die Lederwarenerzeugung.

Überblick über die Verwendung wichtiger Häutearten

Rohmaterial	Verwendungszweck der wichtigsten Lederarten
mittlere und schwere Großviehhäute	Unterleder, Brandsohlleder, Vacheleder, Blankleder
leichte und mittlere Großviehhäute, Kalb- und Ziegenfelle	Schuhoberleder, Feinleder, Bekleidungsleder
Schaf- und Ziegenfelle	Schuhfutterleder
gespaltene Ochsen- und Bullenhäute	Mappen- und Kofferleder (Vachetten)
leichte Rindshäute	Sattlerleder
Kleintierfelle einschl. Reptilhäute	Täschnerleder, Handschuhleder
Ochsen- und Bullenhäute	Treibriemenleder
mittlere und leichte Großviehhäute, auch gespalten	Technische Leder

Stellung in der Gesamtwirtschaft

Die Ledererzeugung reicht in ihrer Bedeutung für den Verbrauchsgüterbereich weit über den relativ kleinen Rahmen hinaus, der ihr nach ihrer Größenordnung in der Gesamtindustrie zukommt. Am Umsatz der gesamten Industrie war die Ledererzeugung 1952 nur mit 0,7 % beteiligt; der Zahl der Beschäftigten nach mit 0,5 %.

Die Stellung der Ledererzeugung
im Rahmen der Industrie des Bundesgebietes 1952

Bereich	Einheit	Ledererzeugung	Anteil an der gesamten Industrie in Prozent
Beschäftigte[1])	Personen	29 188	0,5
Löhne und Gehälter	Mill. DM	134	0,6
Umsatz	Mill. DM	844	0,7
Auslandsumsatz	Mill. DM	41	0,3

1) Durchschnitt des Standes vom 30. 6. und 31. 12. 1952

Quelle: Industriebericht (Betriebe mit 10 und mehr Beschäftigten)

Der etwas höhere Anteil der Löhne und Gehälter (0,6 %) an der Lohn- und Gehaltssumme der Gesamtindustrie gegenüber dem Anteil an den Beschäftigten (0,5 %) weist auf die Bedeutung der qualifizierten Arbeit in der Ledererzeugung hin; im Gerbprozeß, der seiner Natur nach ein mehr chemischer als technischer Vorgang ist, können überwiegend nur gelernte und angelernte Arbeitskräfte eingesetzt werden. Der Anteil der Lohnkosten an den Gesamtkosten ist allerdings bei diesem überwiegend rohstoff- und kapitalintensiven Fertigungszweig verhältnismäßig niedrig. Nach der Produktionserhebung von 1936 entfielen 60 % des Bruttoproduktionswertes der Lederindustrie auf Häute, Felle, Gerb- und sonstige Hilfsstoffe und nur etwa 14 % auf Löhne und Gehälter. In der Nachkriegszeit dürfte der Anteil der Roh- und Hilfsstoffe auf etwa 70 % gestiegen sein. Im westdeutschen Außenhandel konnte die Ledererzeugung ihre Bedeutung, die sie in der Vorkriegszeit hatte, noch nicht wieder erlangen; während damals die Ledererzeugung mit 1,2 % am Auslandsabsatz der Industrie beteiligt war, entfielen auf sie 1952 nur 0,3 %.

Verlorene Rohstoff- und Absatzgebiete

In der regionalen Verteilung der ledererzeugenden Industrie zeichneten sich bis zum 2. Weltkrieg im wesentlichen drei große Produktionsgebiete ab; das eine verlief vom östlichen Schlesien bis nach Mitteldeutschland, das andere wurde durch den Lauf des Rheins und seiner Nebenflüsse bestimmt und das dritte war das norddeutsche Gerberzentrum mit dem Schwerpunkt Schleswig-Holstein.

Die Bedeutung der Zonentrennung
für die deutsche Ledererzeugung

Gebiet	Umsatz der ledererzeugenden Industrie 1936	Erzeugung 1936			Rohwarenanfall 1938	
		Sohlleder	Oberleder	Sonst. Leder	Rindshäute	Kalbfelle
	Anteil in Prozent					
Ehemaliges Reichsgebiet . . .	100,0	100,0	100,0	100,0	100,0	100,0
davon:						
US-Zone	38,9	34,0	34,0	34,0	25,7	26,4
Franz. Zone[1])	10,0	10,1	10,0	10,0	9,9	9,5
Brit. Zone	25,7	29,9	29,9	30,0	27,3	21,2
Bundesgebiet	74,6	74,0	73,9	74,0	62,9	57,1
Berlin	1,5	} 26,0	} 26,1	} 26,0	3,9	4,4
Sowj. Zone	21,6				20,6	23,6
Gebiet östl. Oder/Neiße . . .	2,3				12,6	14,9

1) Einschl. Saarland

Quelle: Statistisches Handbuch von Deutschland 1928-44

Wie sich aus der Übersicht ergibt, sind rd. 74 % der Ledererzeugung im Bundesgebiet verblieben. Der ostdeutsche Lederbedarf wurde in der Vorkriegszeit zu einem erheblichen Teil aus der westdeutschen Produktion gedeckt. Der im Westen verbliebenen Ledererzeugung gingen nach 1945 im Osten aber nicht nur wichtige Absatzgebiete verloren, sondern durch die Zonentrennung ist auch das Inlandsaufkommen an Häuten und Fellen beschnitten worden. Die mittel- und ostdeutschen Agrargebiete lieferten 1938 rd. 37 % des Inlandsgefälles bei Rindshäuten, 45 % bei Kalbfellen und waren auch am übrigen inländischen Rohwarenaufkommen beachtlich beteiligt. Hierbei muß allerdings berücksichtigt werden, daß die Ledererzeugung auch schon damals einen bedeutenden Einfuhrbedarf hatte: der Anteil des Inlandsgefälles an der gesamten Einarbeitung der Lederindustrie in Tonnen Grüngewicht beträgt heute 50—55 %, während er vor dem Kriege 60—65 % betrug.

Starke Einfuhrabhängigkeit

Die Rohwarenversorgung der westdeutschen Ledererzeugung stieß in den Nachkriegsjahren zunächst auf große Schwierigkeiten. Da die Rohhaut kein primärer Rohstoff, sondern ein Nebenprodukt der Fleischerzeugung ist, steht die Höhe des inländischen Häuteanfalls in engstem Zusammenhang mit dem Viehbestand und dem Fleischverbrauch. Erst ab 1948 verbesserte sich die Rohstoffversorgung durch die ersten Nachkriegsimporte von Häuten und Fellen. Daneben stieg mit dem Wegfall der Bewirtschaftung auch der Inlandsanfall wieder sprunghaft an.

Häuteversorgung der ledererzeugenden Industrie im Bundesgebiet in Tonnen Grüngewicht

Häuteart	Jahr	Inlandsware	Auslandsware	Häuteversorg. insgesamt[1]	Einarbeitung	Bestand am Jahresende
Kalbfelle	1950	.	.	13 400	13 600	680
	1951	13 000	930	13 930	13 250	1 340
	1952	13 000	3 700	16 700	17 230	840
	1953[2])	11 122	2 895	14 017	13 724	1 140[3])
Rindshäute (einschl. Wildhäute und Kipse)	1950	.	.	138 540	138 600	17 460
	1951	65 330	59 800	125 040	131 900	10 120
	1952	69 450	69 140	138 580	135 000	13 460
	1953[2])	58 684	51 326	109 944	111 405	12 079[3])
Sonstige Häute und Felle	1950	.	.	2 900	2 900	300
	1951	1 680	1 460	3 140	3 000	410
	1952	1 630	1 580	3 210	3 200	420
	1953[2])	1 556	705	2 259	2 258	447[3])
Roßhäute	1950	.	.	8 550	8 600	1 120
	1951	5 100	2 270	7 370	8 000	610
	1952	4 030	3 100	7 130	7 000	720
	1953[2])	3 108	2 152	5 260	5 409	561[3])
Häute und Felle insgesamt (einschl. Kleintierfelle)	1950	.	.	192 040	192 000	25 000
	1951	90 400	90 060	180 350	189 000	16 400
	1952	92 900	106 300	199 100	196 000	19 100
	1953[2])	79 147	82 257	161 308	161 490	18 960[3])

1) Inlandsware + Auslandsware — Häuteausfuhr. — 2) Januar–September. — 3) Bestand am 30. 9. 53.

Quelle: *Verband der Deutschen Lederindustrie; Bundesstelle für den Warenverkehr, fachliche Gruppe Leder.*

Der Importanteil ist bei den einzelnen Häutearten recht unterschiedlich. Rindshäute stammten 1952 zu ca. 40 % aus dem Ausland. Die Kalbfelle kamen dagegen — angesichts der fehlenden Einfuhrmöglichkeiten, insbesondere aus Frankreich — nur zu etwa 25 % aus dem Ausland. Bei Kleintierfellen ist die Einfuhrabhängigkeit im allgemeinen erheblich größer als bei jeder anderen Rohware. An Schaf- und Lammfellen wurden 1952 ca. 90 % Auslandsware bezogen, an Ziegenfellen etwa 95 %.

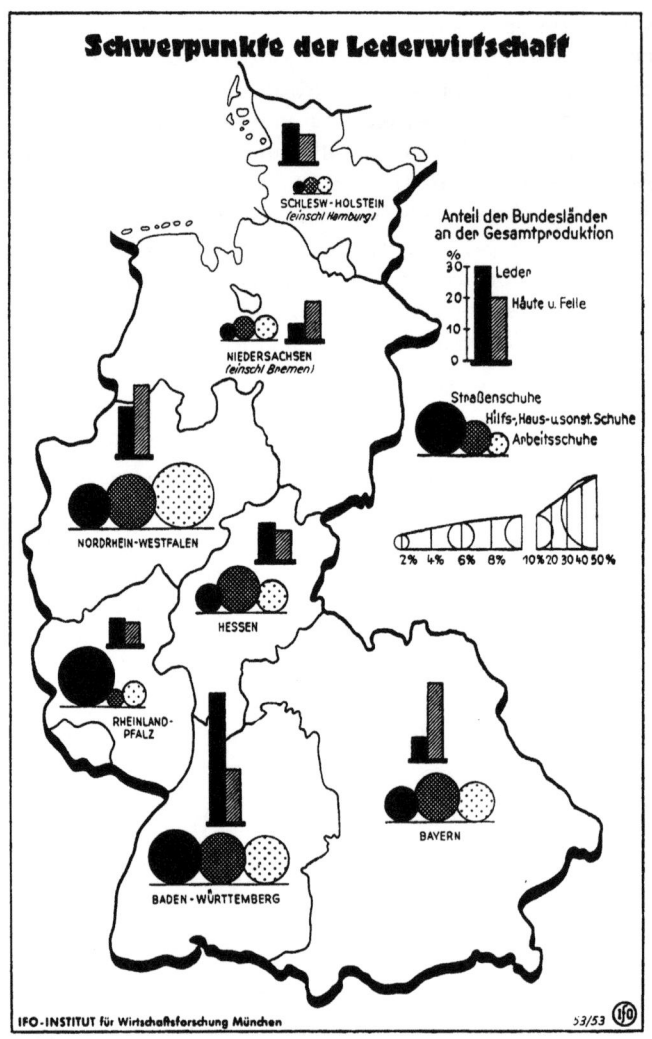

Der bedeutende Anteil der Importe (durchschnittlich 50 %) an der Rohwarenversorgung der Ledererzeugung führte seit 1948 zu einer starken Labilität des Inlandsmarktes für Häute und Felle. Einerseits beschränken wichtige europäische Länder den Export für Häute und Felle; zum anderen verhinderte vielfach das langwierige Einfuhrverfahren in den Jahren 1948—1951, daß günstige Einkaufsmöglichkeiten für Übersee-Häute rechtzeitig wahrgenommen wurden. Ein weiterer Nachteil ergab sich bis März 1953 für die westdeutsche ledererzeugende Industrie beim Einkauf argentinischer Rohware aus den sehr unterschiedlichen Rabattsätzen des IAPI (Staatliches argentinisches Außenhandelsförderungsinstitut) bei Bezahlung in Verrechnungsmark bzw. in Dollar oder £ Sterling. Allerdings konnte durch Transitgeschäfte z. B. über England und Holland diese Benachteiligung in gewissem Umfange ausgeglichen werden.

Der Häuteweltmarkt

Bei der starken Einfuhrabhängigkeit der deutschen Lederindustrie in der Häuteversorgung ist die Entwicklung des Häuteweltmarktes von großer Bedeutung. Da der Welthandel in Häuten und Fellen, außer in Frankreich, Argentinien und den USA kaum Beschränkungen unterliegt, wird er durch Spekulation und Hortung immer wieder von Preiskrisen erschüttert. Der Umfang des Welthäuteaufkommens und insbesondere die Höhe der Schlachtviehbestände ist undurchsichtig. Gegenüber der Vorkriegszeit sind die Rindviehbestände von 631 Mill. Stück auf 668 Mill. Stück (1949/50) gestiegen.

Die repräsentativsten Häutemärkte, deren Preistendenz alle übrigen überseeischen und westeuropäischen Märkte beeinflußt, sind Argentinien und die USA. Aber auch die übrigen südamerikanischen Länder, Südafrika und Neuseeland sind für die Beschaffung von Großviehhäuten (den sog. Wildhäuten im Gegensatz zu den europäischen und nordamerikanischen Zahmhäuten) von Bedeutung. Ziegenfelle werden vorwiegend aus Indien, Pakistan, Vorderasien, dem Balkan, Ägypten und Südamerika beschafft; für Schaffelle sind die beiden europäischen Märkte England und Frankreich sowie Australien maßgebend. Obwohl Argentinien und die übrigen südamerikanischen Staaten eigene ledererzeugende und -verarbeitende Industrien aufgebaut haben, sind sie immer noch die größten Häute-Überschußgebiete der Welt. Bei einem

Häuteausfuhr[1]) aus Argentinien[2])
in 1000 Stück

Importland	1949	1950	1951	1952
Amerika	391	1 763	1 453	725
Westeuropa	6 005	6 406	3 608	6 701
Osteuropa	3 038	2 882	1 327	1 564
Andere Länder	37	99	68	52
Gesamtausfuhr	9 471	11 450	6 456	9 042

1) Gesalzene und trockene Rindshäute. — 2) Einschl. über Buenos Aires verschiffte Rindshäute aus Uruguay und Paraguay.

Quelle: *Marktberichte der Fa. Koch und Scharff, Hamburg.*

Rindviehbestand von rd. 41 Mill. Stück 1949/50 (Vorkrieg 33 Mill.) wurden aus Argentinien seit 1949 jährlich etwa 9 Mill. Stück Rindshäute ausgeführt.

Während im Jahre 1952 die Einfuhren der westeuropäischen Länder (insbesondere Hollands und Englands) aus Argentinien durch den zunehmenden Umfang der Transitgeschäfte stark stiegen, ging der amerikanische Import aus Argentinien um fast 40 % zurück. Die USA schränkten 1952/53 ihre Käufe auf dem Weltmarkt ein, gleichzeitig stieg das Inlandsaufkommen der USA beträchtlich. Da in Argentinien die Ostblockländer häufig als Großabnehmer auftreten, könnte die Entwicklung in den USA – als Häuteexportland – von zunehmendem Interesse bei ausreichender Dollarversorgung auch für Westeutschland werden. Die Netto=Häute=Ausfuhr der USA dürfte im Jahre 1953 etwa 750 000 Stück erreichen, während 1952 ein Netto=Import von 244 000 Häuten verzeichnet wurde. Der Rindviehbestand der USA ist gegenüber der Vorkriegszeit im Vergleich zu allen übrigen Ländern am stärksten gestiegen; er betrug 1949/50 rund 80 Mill. Stück gegenüber 66 Mill. vor dem Kriege.

Der Großhandel mit Häuten und Fellen

Für die Bereitstellung der Häute und Felle sorgt eine vielseitige Großhandelsgruppe, der Häute= und Fellgroßhandel. Da die Einfuhr auf diesem Sektor eine erhebliche Rolle spielt, gibt es im Häute= und Fellgroßhandel sowohl Spezialimporthäuser (die im großen und ganzen in Hamburg konzentriert sind), wie auch Binnengroßhändler und gemischte Betriebe.

Die Rechtsform dieser Unternehmen ist ebenfalls unterschiedlich: neben dem privaten Häute= und Fellgroßhandel bestehen die Genossenschaften, die sogenannten Häuteverwertungsgesellschaften, die in dieser Branche eine beachtliche Bedeutung erlangt haben. Über sie geht zur Zeit etwas mehr als die Hälfte des Gesamtumsatzes an inländischen Häuten und Fellen. Sie stellen für den privaten Häute= und Fellgroßhandel eine starke Konkurrenz dar.

Im Jahre 1933 gab es etwa 3300 private und genossenschaftliche Häute= und Fellgroßhändler mit etwa 10 500 Beschäftigten. In der Nachkriegszeit ist die Zahl der Betriebe durch die Gebietsverkleinerung und die Konkurrenz der Verwertungsgesellschaften stark zurückgegangen; zur Zeit gibt es knapp 1000 private und genossenschaftliche Häute= und Fell=Binnengroßhändler, zu denen noch etwa 100 Importfirmen hinzukommen. In den knapp 1000 Binnengroßhandelsunternehmen waren 1950 über 3000 Personen beschäftigt.

Die Umsätze der Branche verliefen in den Jahren 1951/52 im Rahmen der jahreszeitlich üblichen Entwicklung (Hochsaison im Herbst). Die Warenversorgung war seit 1951 im großen und ganzen reibungslos. Die Entwicklung des Wareneingangs entsprach weitgehend der Umsatzbewegung, so daß sich die Lager – abgesehen von Fällen plötzlicher Absatzstockungen wie im April 1951 – nur wenig veränderten.

Unterschiede in der Warenbeschaffung bestehen, was die Qualität und Herkunft der Häute betrifft, zwischen den Häuteverwertungsgesellschaften und dem privaten Großhandel. Die Verwertungsgesellschaften beziehen von den Metzgern nur Schlachthausware. Sie kontrollieren streng Gewicht, evtl. Schäden und Salzung. Sie stellen Häute gleicher Gattung und Gewichtsklasse in „Losen" zusammen und setzen diese auf den „Zentralauktionen" ab. Der private Häute= und Fellgroßhandel kauft sowohl Häute aus den Hausschlachtungen der Bauern, wie auch aus den gewerblichen Schlachtungen der Metzger; außerdem wird Ware aus Notschlachtungen und Abdeckereien erfaßt. Er stellt dann ebenfalls Gewichte und Schäden fest, salzt die Häute und gibt sie – geordnet nach Gattung, Rasse und Gewichtsklasse – an die Gerbereien weiter.

Das Hauptproblem für jeden Häute= und Fellgroßhändler ist die Preisfrage, da Häute und Felle zu den preisreagibelsten Rohstoffen am Weltmarkt gehören.

Die im Winter 1952/53 herrschende Sonderkonjunktur für Schuh= und Lederwaren ließ erkennen, daß der Bedarf der Bevölkerung in diesen Artikeln noch längst nicht gedeckt ist, auch wenn sich Bedarfsverschiebungen (z. B. Gummisohle) feststellen lassen. Wenn auch für die Fabrikation und den Ledergroßhandel eine gewisse Umstellung nötig sein sollte, für den Häute= und Fellgroßhandel wird dies im großen und ganzen nur eine Sortimentsveränderung bedeuten. Auf lange Sicht ist eher mit einer Bedarfs= und Umsatzsteigerung zu rechnen.

Natürliche und synthetische Gerbstoffe

Fast ebenso wichtig wie eine ausreichende Häuteeinfuhr war für die Ledererzeugung nach 1945 die Bereitstellung genügender Gerbstoffmengen, denn die Lederindustrie ist hier ebenfalls stark vom Ausland abhängig. Der inländische Rindenanfall mußte im Verein mit der Erzeu=

gung synthetischer Gerbmittel, den sogenannten Taniganen, in der Zeit von 1945 bis 1947 genügen, um die geringe Produktion von Leder sicherzustellen. Mit der Einfuhr von Häuten und Fellen nach der Währungsumstellung lief gleichzeitig auch der Import von überseeischen Gerbmitteln an.

Die wichtigsten Gerbstoffe sind die vegetabilischen Gerbstoffe, die in der Hauptsache in Form von Auszügen von Hölzern oder Rinden eingeführt werden; ferner die synthetischen Gerbstoffe, die Chromgerbstoffe, Eisengerbstoffe, Alaun und Fette. 1952 betrug die Auslandsabhängigkeit in der Gerbstoffversorgung durchschnittlich etwa 55 %; sie ist bei vegetabilischen Gerbstoffen am höchsten. Mehr als ein Viertel entfällt davon allein auf den argentinischen Quebrachoextrakt; einen weiteren beachtlichen Anteil macht die Einfuhr von Gerbrinden aus. Das Aufkommen an inländischen vegetabilischen Gerbstoffen, in der Hauptsache Fichten= und Eichenrinde, ist in den letzten Jahren stark geschrumpft. Beide Gerbmaterialien dienen in erster Linie der Fertigung von Unterleder und schwerem Sohlenleder (Altgerber=Verfahren); daneben werden sie für die Herstellung aller sonstigen vegetabilisch gegerbten Lederarten verwendet.

Gerbstoffverbrauch der ledererzeugenden Industrie
im Bundesgebiet in Tonnen

Erzeugnis	1951	1952	1953[2]
Einheimische Rinden und Extrakte			
Fichtenrinde[1]	2 130	1 750	1 321
Eichenrinde[1]	920	780	452
Fichtenrindenextrakt	662	344	266
Ausl. pflanzl. Gerbstoffe			
Quebracho-Extrakt	5 926	5 852	4 020
Sonstige Extrakte	8 766	6 800	4 732
Sonstige pflanzl. Gerbstoffe .	1 860	1 800	4 312
Vegetabilische Gerbstoffe insgesamt	20 264	17 326	15 103
Synthet. Gerbstoffe und Austausch-Gerbstoffe . . .	8 049	7 256	5 330
davon: Tanigane	6 105	5 426	3 983
Zelluloseextrakte .	1 271	1 060	720
Sonst. synth. Gerbst.	673	770	627

1) Reingerbstoffgehalt auf Grund folgender Prozentsätze errechnet: Fichtenrinde 10 %, Eichenrinde 8 % — 2) Januar — September.

Quelle: Verband der Deutschen Lederindustrie; Bundesstelle für den Warenverkehr, fachliche Gruppe Leder.

Synthetische Gerbstoffe, die früher nur als Hilfsgerbstoffe dienten, wurden in den Kriegs= und Nachkriegsjahren in zunehmendem Maße verwendet. Obwohl Forschung und Technik in jahrelanger Arbeit die Möglichkeiten für den verstärkten Einsatz synthetischer Gerbstoffe geschaffen haben, werden sie heute, nachdem ausländische Gerbstoffe wieder billiger und in ausreichendem Umfang zur Verfügung stehen, nur zögernd verwendet. Ihr Anteil am Gerbstoffverbrauch betrug 1952 20 %. Im Gegensatz zu den natürlichen Gerbstoffen ist Westdeutschland bei synthetischen Gerbstoffen autark und produziert auch für den Export (1952: 3697 Tonnen).

Württemberg-Baden wichtigster Standort Der südwestdeutsche Raum hat als wichtigster Standort der Ledererzeugung gegenüber der Vorkriegszeit an Bedeutung noch gewonnen. Etwa 40 % des Umsatzes und der Beschäftigten der Ledererzeugung entfielen 1952 allein auf dieses Gebiet. Weitere Gerberzentren liegen in den Ländern Nordrhein=Westfalen, Hessen und Schleswig=Holstein mit einem Anteil von jeweils 10 bis 15 % an der Ledererzeugung im Bundesgebiet.

In Nordrhein=Westfalen steht die technische Lederherstellung im Mittelpunkt. Rund 60 % der technischen Leder Westdeutschlands werden hier erzeugt. Die Herstellung von Vachetten= leder für Mappen und Koffer und Portefeuilleleder spielt mit einem Anteil von 40 % ebenfalls eine bedeutende Rolle. In Hessen liegt das Schwergewicht auf der Ober=, Futter= und Feinleder= erzeugung. Württemberg=Baden liefert rund 40 % der Inlandserzeugung an Unter= und Ober= leder für die Schuhherstellung. In Bayern ist der wichtigste Produktionszweig die Oberleder= erzeugung. Grundsätzlich kann man feststellen, daß im Norden des Bundesgebietes — begünstigt durch die Nähe des Häuteimporthafens Hamburg — überwiegend nur Schuhleder hergestellt wird, während in Süddeutschland sowohl für die Schuhindustrie wie auch für die Lederverarbeitung alle Arten von Leder erzeugt werden, da hier auch die qualitativ besten Häute anfallen.

Umsatz und Beschäftigte der Ledererzeugung 1951/52

in den Ländern des Bundesgebiets

Land	Umsatz			Beschäftigte[1]		
	1951	1952		1951	1952	
	Mill. DM		Prozent	Personen		Prozent
Schleswig-Holstein	105,4	89,5	10,6	2 931	2 719	9,3
Hamburg	5,5	3,9	0,5	103	83	0,3
Niedersachsen[2]	40,6	34,8	4,1	1 190	1 153	3,9
Nordrhein-Westfalen	142,3	123,8	14,7	4 154	3 981	13,6
Hessen	109,9	97,0	11,5	4 041	3 686	12,6
Bayern	69,3	69,0	8,2	2 414	2 742	9,4
Württemberg-Baden	321,6	293,3	34,7	8 937	9 277	31,8
Württemberg-Hohenzollern	33,1	28,2	3,3	1 023	1 046	3,6
Baden	32,6	28,2	3,3	1 040	953	3,3
Rheinland-Pfalz	80,1	76,7	9,1	3 753	3 550	12,2
Bundesgebiet	940,4	844,2	100,0	29 586	29 190	100,0

1) Durchschnitt des Standes vom 30. 6. und 31. 12. — 2) Einschl. Bremen.

Quelle: Industriebericht (Betriebe mit 10 und mehr Beschäftigten)

Starke Streuung der Betriebsgrößen

Typisch für die westdeutsche Ledererzeugung ist die unterschiedliche Betriebsgrößenstruktur, das Nebeneinander von handwerklichen Kleinbetrieben und industriellen Großbetrieben. Der Produktionsanteil der Betriebe mit weniger als 10 Beschäftigten ist jedoch gering. Die industriellen Mittel= und Großbetriebe tätigen durchschnittlich 90 % des Umsatzes.

Betriebsgrößenstruktur in der Ledererzeugung

im Bundesgebiet April 1951

Betriebsgrößen-klassen	Anzahl der Betriebe	Anzahl der Beschäftigten	Monatlicher Umsatz in 1000 DM	Umsatz je Beschäftigten in DM
1— 9 Personen[1]	227	1 055	1 183	1 121
10— 19 Personen	102	1 357	2 492	1 836
20— 49 „	119	3 792	8 658	2 283
50— 99 „	55	3 739	9 276	2 481
100—199 „	37	5 272	12 420	2 356
200—499 „	26	7 731	19 820	2 564
500—999 „	11	7 365	15 870	2 155
1000 und mehr Personen	2	7 116	12 362	1 737
Industriebetriebe (10 und mehr Beschäftigte)	352	36 372	80 898	2 224

1) Totalerhebung August 1950.

Quelle: Industriebericht (Betriebe mit 10 und mehr Beschäftigten)

Die Zahl der Beschäftigten allein ist ohne eine gleichzeitige Betrachtung des Umsatzes kein ausreichender Maßstab zur Charakterisierung der Betriebsgrößen in der Ledererzeugung. Durch den umfangreichen Einsatz von Maschinen wird die Produktivität der menschlichen Arbeitskraft wesentlich gesteigert. So kommt in der Chromledererzeugung durchschnittlich auf jeden dritten Arbeiter eine Maschine, die das 2—4fache der menschlichen Arbeitsleistung vollbringt. Die Zahl der Beschäftigten hängt auch davon ab, ob die Zurichtung des Leders im eigenen Betrieb erfolgt.

Die Streuung der Betriebsgrößen ist regional recht unterschiedlich. Bayern und Rheinland-Pfalz besitzen innerhalb der Ledererzeugung des Bundesgebietes noch die größte Anzahl kleiner Handwerksbetriebe mit 1—2 Beschäftigten, die meist das Schuhreparaturhandwerk bzw. den Lederhandel mit Sohlleder beliefern.

Strukturbildende Einflüsse

Wie auch in anderen Industriezweigen ist die gesamte Entwicklung der Ledererzeugung nach 1945 durch Kriegszerstörungen und Demontagen teilweise wesentlich beeinträchtigt worden. Die Behebung der Kriegsschäden wurde fast ausschließlich aus eigenen Mitteln bestritten und ist heute im wesentlichen abgeschlossen. Sie hat allerdings in den betroffenen Betrieben vielfach erhebliche Liquiditätsanspannungen ausgelöst.

Durch die Zonentrennung und die jahrelange Abschließung von den Weltmärkten ist jedoch im Westen eine zu große Produktionskapazität der Ledererzeugung verblieben. Neben dem Verlust wichtiger Absatzgebiete haben auch tiefgreifende Verbrauchs- und Geschmackswandlungen die Struktur und Entwicklung der Ledererzeugung in den Nachkriegsjahren wesentlich beeinflußt. Die im Kriege eingeleitete stärkere Verwendung von Gummi- und Kunststoffmaterialien in der Schuhindustrie und Lederwarenerzeugung hat — nach einer kurzen Unterbrechung — 1951/52 weiter zugenommen. Die Absatzmöglichkeiten für Unterleder wurden durch das Vordringen der verschiedenen Besohlmaterialien aus Gummi stark eingeengt. Der Wegfall des militärischen Bedarfs und die fortschreitende Technisierung der Landwirtschaft ließ die Geschirr- und Sattlerledererzeugung auf einen Bruchteil der Vorkriegserzeugung sinken. Die Wandlung der Antriebstechnik der Industrie vom Gruppen- zum Einzelantrieb und die Konkurrenz des Antriebsriemens aus Gummi und Kunststoffen trugen gleichfalls zu einer Verminderung der Gewichtsledererzeugung bei.

Ledererzeugung nach Sorten im Bundesgebiet in Tonnen

Erzeugnis	1950 1. Halbj.	1950 2. Halbj.	1951 1. Halbj.	1951 2. Halbj.	1952 1. Halbj.	1952 2. Halbj.	1953 1. Halbj.
Oberleder	7 534	9 500	8 433	7 862	8 116	9 831	9 461
Futterleder	938	1 376	1 200	1 095	1 032	1 204	1 038
Sonstige Flächenleder	4 382	5 602	5 274	5 642	5 849	7 595	6 986
Unterleder[1]	15 329	18 715	17 060	15 162	14 133	15 357	13 727
Treibriemenleder	1 254	1 576	860	705	618	666	484
Techn. Gewichtsleder			577	583	393	361	328
Sonstiges Gewichtsleder	847	966	202	101	157	164	208
Geschirrleder			870	696	782	813	736
Lederabfälle (noch als Leder verwendbar)	374	675	495	645	580	618	490
Leder insgesamt	30 658	38 410	34 971	32 491	31 660	36 609	33 458

1) Einschl. Brandsohl- und Rahmenleder

Quelle: Industriebericht (Betriebe mit 10 und mehr Beschäftigten)

Die Flächenledererzeugung wurde mit Ausnahme der Schuhober- und Futterleder durch die vielfältige Verwendung der Kunststoffe gehemmt. Allerdings haben die Erfahrungen in den Jahren 1952/53 deutlich gezeigt, daß sich bei einem ausgeglichenen und gefestigten Lederpreisniveau die Einbrüche der Plastics in die Domänen des Leders auch mildern lassen. Denn weder die technologischen Eigenschaften noch die modische Wandlungsfähigkeit des Leders sind bisher von den Kunststoffmaterialien erreicht worden.

Erzeugung von Flächenleder
im Bundesgebiet in 1000 qm

Erzeugnis	1950[1]		1951		1952		1953
	1. Halbj.	2. Halbj.	1. Halbj.	2. Halbj.	1. Halbj.	2. Halbj.	1. Halbj.
Oberleder insgesamt	5 863	7 033	7 575	6 856	7 209	8 539	8 526
davon aus:							
Kalbfellen	.	.	1 148	1 445	1 516	1 912	1 798
Rindshäuten	.	.	4 321	3 857	4 076	4 943	4 834
Ziegenfellen	.	.	972	684	560	648	794
Sonst. Oberleder	.	.	1 134	870	1 057	1 036	1 100
Futterleder	1 182	1 507	1 684	1 529	1 553	1 764	1 766
Sonstige Flächenleder insgesamt	3 325	4 325	4 836	5 089	5 207	6 906	6 131
davon:							
Vachettenleder	866	1 012	853	1 056	1 047	1 602	1 379
Portefeuilleleder	912	1 345	1 193	1 309	1 335	1 621	1 416
Handschuhleder	281	483	695	808	687	931	763
Bekleidungsleder	442	584	846	859	1 039	1 487	1 293
Techn. Leder	.	.	193	133	145	128	162
ASA-(Arbeiterschutzartikel)-Leder	245	290	371	346	362	435	493
Orthopädieleder	95	89	99	89	82	93	74
Sonst. nicht gen. Flächenleder	484	520	586	478	510	609	551

1) Ohne franz. Zone.

Quelle: Industriebericht (Betriebe mit 10 und mehr Beschäftigten)

Alle die genannten Faktoren, ferner die einseitige Liberalisierung der Ledereinfuhr, haben die Entwicklung der Ledererzeugung seit 1948 gehemmt. Sie blieb gegenüber der gesamten Industrie zurück und hatte auch im Jahre 1953 den Stand von 1936 noch nicht wieder erreicht, obwohl auch 1936 die Kapazität der ledererzeugenden Industrie nur zu etwa 80 % ausgelastet war.

Ledererzeugung und industrielle Produktion
im Bundesgebiet; arbeitstäglich, 1936 = 100

Bereich	1950		1951		1952		1953
	1. Halbj.	2. Halbj.	1. Halbj.	2. Halbj.	1. Halbj.	2. Halbj.	1. Halbj.
Ledererzeugung	66	81	75	68	69	79	75
Verbrauchsgüterindustrie[1]	102	124	133	131	126	146	149
Gesamte Industrie[2]	102	125	134	139	140	152	152

1) Ohne Nahrungs- und Genußmittel. — 2) Ohne Bau.

Quelle: Industriebericht (Betriebe mit 10 und mehr Beschäftigten)

Der Produktionsindex der Ledererzeugung lag im 1. Halbj. 1953 nur um 14 % höher als im gleichen Zeitraum 1950. Das Wastum der Produktion war damit erheblich schwächer als in anderen Bereichen (Verbrauchsgüter + 49 %). Der Produktionsverlauf in der Lederindustrie zeigt eine starke Abhängigkeit einerseits von der Preisbewegung auf dem Häutemarkt und andererseits von der Absatzentwicklung der Schuhindustrie, die ca. 75—80 % des erzeugten Leders verarbeitet. Die Hauptsaison in der Ledererzeugung erstreckt sich vom Herbst bis in die Frühjahrsmonate. In dieser Zeit trifft auch die Schuhindustrie ihre Dispositionen auf dem Ledermarkt für das Frühjahrs= und Sommer= bzw. Herbst= und Wintergeschäft. Dieser normale Rhythmus im Einkauf von Leder= wurde in den vergangenen Jahren vielfach durch die starken Preisschwankungen auf den Rohwarenmärkten unterbrochen und wirkte sich nachteilig auf die geschäftliche Entwicklung der Lederindustrie aus.

Schwankende Lederpreise

Die Preisbildung in der Lederindustrie wird durch den hohen Anteil der Rohstoffkosten am Fertigwarenpreis wesentlich vom Häutemarkt beeinflußt. Auf Grund der starken Einfuhrabhängigkeit in der Häuteversorgung schlagen sich in den Lederpreisen sowohl die Preistendenzen des Weltmarktes als auch die des knappen inländischen Häuteangebots nieder. Dabei zeigen die Inlandspreise für Häute und Felle teilweise stärkere Schwankungen als die Weltmarktpreise. Auch die Gerbstoffpreise sind den vom Weltmarkt ausgehenden Einflüssen ausgesetzt.

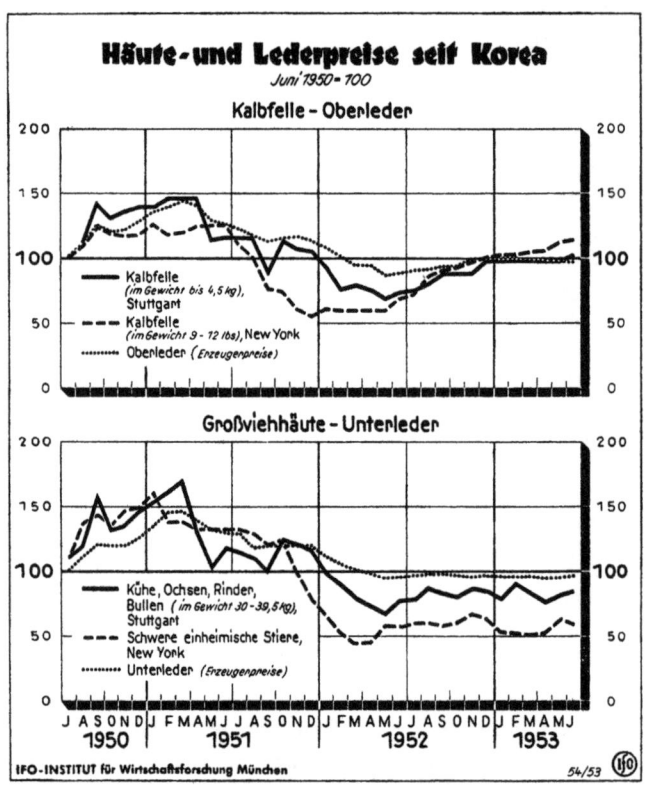

In den Jahren 1950/51 kam zu starken Preiserhöhungen für Gerbrinden und -extrakte in den Ursprungsländern noch eine bis zu 35 % gehende Verteuerung der Frachtkosten. Infolge dieser erhöhten Rohstoffkosten stiegen auch die Lederpreise merklich an.

Als sich im 1. Halbjahr 1951 der Warenhunger beim Endverbraucher zu vermindern begann, waren alle Zweige der Lederwirtschaft bestrebt, ihre Lager abzubauen. In Erwartung fallender Preise hielten Handel und Industrie in der Erteilung von Aufträgen zurück. Die Absatzflaute griff auch auf die Ledererzeugung über. Die Lederpreise fielen von ihrem Höchststand im März 1951 bis zum Mai 1952 um 35 %. Mit dem Umschwung der Verbrauchsgüterkonjunktur im 2. Halbjahr 1952 konnte sich das Preisniveau in der Lederindustrie wieder festigen. Doch waren 1952/53 — angesichts der fortschreitenden Mengenkonjunktur in der Schuhindustrie — die Lederpreise erneut leicht gedrückt bei festen, teilweise sogar steigenden Rohwarenkosten.

Auch die Liberalisierung der Ledereinfuhr im Winter 1950/51 bzw. seit August 1952 hat die Lederpreise beeinflußt und preisdämpfend gewirkt. Durch die importerschwerenden Maßnahmen in der ersten Hälfte des Jahres 1951 (Bardepotpflicht) verlor zwar die Ledereinfuhr wieder an Bedeutung, gleichzeitig wurden dadurch jedoch auch die wichtigen Häuteimporte außerordentlich erschwert. Die Folge war, daß trotz der Absatzflaute auf dem Fertigwarenmarkt die westdeutschen Leder- und Häutepreise zeitweise eine relativ feste Tendenz zeigten, während die Weltmarktpreise für Häute und Leder leicht zurückgingen. Diese Tatsache gab den Lederverarbeitern erneut Anlaß, wie schon im 2. Halbjahr 1950, eine völlige Liberalisierung der Ledereinfuhr zu fordern. Erst im Sommer 1952 wurde dann die Ledereinfuhr wieder teilweise liberalisiert. Die Lederindustrie steht hier einem schwierigen Problem gegenüber, solange in den wichtigsten europäischen Häute-Exportländern Ausfuhrbeschränkungen für Rohwaren bestehen. Das erstrebenswerte Ziel für die Lederindustrie ist eine Vereinheitlichung des Häute- und Ledermarktes innerhalb der EZU mit allen Konsequenzen auch hinsichtlich der Zölle, die in Westdeutschland z. Z. 12 % für Oberleder, 12 % für Unterleder und 10 % für Schafleder betragen.

Hohe Rohstoffimporte

An der Gesamteinfuhr der ledererzeugenden Industrie waren seit 1949 Häute und Felle mit 70—75 % beteiligt. Die ersten bedeutsamen Lederimporte in den Nachkriegsjahren erfolgten im Jahre 1949. Für 6,7 Mill $ wurde allein Leder aus USA eingeführt. Während im 1. Halbjahr 1950 monatlich im Durchschnitt nur etwas mehr als 320 t eingeführt wurden, stieg der Import im 2. Halbjahr mit 793 t auf mehr als das Doppelte, eine Folge der Liberalisierung. Im Verlauf des Jahres 1951 wurde infolge des Devisenmangels die Ledereinfuhr wieder eingeschränkt. Trotz der erneuten Teil=Liberalisierung der Ledereinfuhr im 2. Halbjahr 1952 und der Ausstellung hoher Einkaufsermächtigungen für Leder entstand bisher kein übermäßiger Einfuhrsog.

Außenhandel der lederzeugenden Industrie im Bundesgebiet in Mill. RM/DM

Vorgang	1936[1])	1949[2])	1950	1951	1952	1953 Jan.-Sept.
Einfuhr:						
Häute und Felle	140,0	142,3	232,4	231,7	243,7	176,9
Gerbhölzer, Rinden	7,4	4,8	6,2	7,1	4,2	6,3
Gerbstoffauszüge	10,5	14,7	16,4	16,5	8,8	10,0
Leder insgesamt	26,3	36,5	84,3	78,5	61,6	57,0
Einfuhr insgesamt	184,2	198,3	339,3	333,8	318,3	250,2
Ausfuhr:						
Häute und Felle	0,7	0,1	0,6	0,5	0,6	0,7
Gerbhölzer, Rinden	—	—	—	—	—	0,0
Gerbstoffauszüge	1,7	0,7	2,1	3,7	0,1	0,0
Leder insgesamt	58,5	4,1	21,2	43,0	41,7	42,8
Ausfuhr insgesamt	60,9	4,9	23,9	47,2	42,4	43,5
Einfuhr- (+) bzw. Ausfuhr- (—) Überschuß bei:						
Häuten und Fellen	+ 139,3	+ 142,2	+ 231,8	+ 231,2	+ 243,1	+ 176,2
Gerbhölzer, Rinden	+ 7,4	+ 4,8	+ 6,2	+ 7,1	+ 4,2	+ 6,3
Gerbstoffauszügen	+ 8,8	+ 14,0	+ 14,3	+ 12,8	+ 8,7	+ 10,0
Leder insgesamt	— 32,2	+ 32,4	+ 63,1	+ 35,5	+ 19,9	+ 14,2
Außenhandelssaldo insgesamt	+ 123,3	+ 193,4	+ 315,4	+ 286,6	+ 275,9	+ 206,7

1) Reichsgebiet. — 2) Ohne franz. Zone.

Quelle: Amtl. Außenhandelsstatistik

Bescheidener Lederexport

Der Lederexport zeigt einen leicht steigenden Trend, hält sich aber insgesamt in bescheidenem Rahmen. Vor dem Kriege (1936) betrug die Exportquote der Lederindustrie 10,5 %. Sie erreichte 1953 (Jan.=Sept.) ihren Nachkriegshöchststand mit 7 %. „Vor dem ersten Weltkrieg (1904) wurden allerdings mehr als 50 % der deutschen Oberlederproduktion exportiert."

Exportquoten der lederzeugenden Industrie im Bundesgebiet

Vorgang	Einheit	1936[1])	1949[2])	1950	1951	1952	1953 Jan.-Sept.
Inlandsumsatz	Mill. RM/DM	401,9	672,9	859,6	901,1	802,9	574,5
Auslandsumsatz	"	47,2	4,8	21,0	39,3	40,8	43,1
Exportquote[3])	Prozent	10,5	0,7	2,4	4,2	4,8	7,0

[1]) Bereich des Bundesgebietes — [2]) Ohne franz. Zone — [3]) Anteil des Auslandsumsatzes am Gesamtumsatz.

Quelle: Industriebericht; Statistisches Handbuch von Deutschland 1928—44

Die Exportquoten lassen seit 1950 eine langsame Besserung der Exportsituation erkennen, doch konnte die deutsche Lederindustrie ihre frühere Stellung auf dem Weltmarkt bisher nicht wieder erlangen. Wichtige Absatzgebiete in Ost= und Südosteuropa gingen verloren; die Lederindustrie anderer Länder hat technisch gegenüber der Vorkriegszeit aufgeholt und konnte, auch auf Grund staatlicher Exportförderungsmaßnahmen, vielfach auf den früheren deutschen Absatzmärkten Eingang finden. Nur für Spitzensortimente, insbesondere Qualitäts=Oberleder und Feinleder, bestehen wieder gute Absatzchancen in Europa und Übersee. Dagegen ist es schwer, für mittlere und untere Ledersortimente ausländische Abnehmer zu finden, zumal sich hier die höheren Kosten der deutschen Lederindustrie gegenüber den ausländischen Anbietern besonders nachteilig geltend machen.

Lederaußenhandel nach ausgewählten Erzeugnissen
im Bundesgebiet in Tonnen

Erzeugnis	Einfuhr					Ausfuhr				
	1949[1]	1950	1951[2]	1952	1953 Jan.-Sept.	1949[1]	1950	1951[2]	1952	1953 Jan.-Sept.
Oberleder	546	637	421	243	221	42	190	315	196	167
Sonstige Kalb-, Rind- u. Roßleder	223	328	264	734	764	22	63	376	572	638
Schaf-, Ziegen- usw. Leder zugerichtet	640	1429	1469	1713	1541	20	118	160	128	138
Unterleder	449	2252	1298	633	462	—	1	8	117	55
Triebriemenleder	363	407	253	56	26	—	1	8	43	6

[1]) Ohne franz. Zone — [2]) Ergebnisse ab Oktober 1951 durch Veränderung der Außenhandelsstatistik nur bedingt vergleichbar.

Quelle: Amtl. Außenhandelsstatistik

Die wichtigsten Einfuhrpositionen waren 1951 und auch 1952 Schaf= und Ziegenleder, bedingt durch die hohe Einfuhrabhängigkeit Westdeutschlands in der Versorgung mit Kleintierfellen. Trotzdem mußten, um die Futterlederversorgung der Schuhindustrie in den Jahren 1951 und 1952 sicherzustellen, noch durchschnittlich 40% des Futterlederbedarfs eingeführt werden.

Die Lederimporte kamen 1951 im wesentlichen aus den westlichen Nachbarländern, insbesondere Frankreich, dagegen standen 1952 infolge der angespannten Außenhandelssituation mit Frankreich Importe aus Großbritannien und anderen europäischen Ländern im Vordergrund. Die wichtigsten Abnehmerländer für deutsches Leder sind neben den europäischen Staaten hauptsächlich die USA, Mittel= und Südamerika, Südafrika, vorderer Orient und Ostasien.

Unbefriedigende Ertragslage

Die Kostenrechnung der westdeutschen ledererzeugenden Industrie wurde seit 1948 durch das Auf und Ab der Häutepreise stark belastet. Selten war eine restlose Weitergabe der erhöhten Rohwarenkosten in der über 60% rohstoffbedingten Kalkulation möglich. Abgesehen von dem verschiedentlich von Spekulationen stark beeinflußten Häuteeinkauf erhöht sich das Betriebsrisiko in der ledererzeugenden Industrie durch die meist lange Verschiffungsdauer der überseeischen Rohwaren (etwa 3 Monate), die durchschnittlich großen Rohwarenlager und die lange Gerbdauer von mehreren Wochen, ja vielen Monaten. Dadurch wird ein verhältnismäßig hohes Betriebskapital gebunden, das durchschnittlich nur etwa 2—3mal im Jahr umgeschlagen werden kann. Die überstürzte Preisentwicklung auf dem Häutemarkt nach Ausbruch des Korea=Krieges überstieg vielfach die finanziellen Kräfte der Lederindustrie. Die nachfolgende Absatzflaute und der Rückgang der Rohstoffpreise 1951 und in den ersten Monaten des Jahres 1952 brachten der Lederindustrie hohe Lagerverluste, die für 1951 auf 60 Mill. DM und für 1952 auf etwa 15 Mill. DM geschätzt werden. Damit wurde ein Ausleseprozeß ausgelöst, der zwangsweise zur Ausschaltung unrentabler Betriebe führte bzw. noch führen wird

Die Kapitalanspannung innerhalb der ledererzeugenden Industrie blieb weiterhin stark. Die steuerlichen Abschreibungssätze reichen allgemein nicht aus, um die notwendigen Rationalisierungsmaßnahmen durchzuführen. Da die Ledererzeugung schon in der Zeit vor dem 2. Weltkrieg in der Kapitalversorgung gegenüber rüstungswichtigen Industriezweigen benachteiligt wurde, sind viele Arbeitsmaschinen völlig veraltet. Eine allgemeine Rationalisierung des Gerbprozesses setzt daher eine durchgreifende Modernisierung der Anlagen und Arbeitsmaschinen in der westdeutschen Lederindustrie voraus, die jedoch — wegen der damit verbundenen höheren fixen Kosten — nur bei einer dauernd guten Ausnutzung der Anlagen durchführbar wäre. Diese wiederum ist bei der labilen Absatzlage auf dem Ledermarkt allgemein nicht gegeben.

Die ledererzeugende Industrie ist mehr material= als arbeitsintensiv. Die Umsätze je Beschäftigten liegen in der ledererzeugenden Industrie um 20—25% über dem Durchschnitt der Gesamtindustrie, während sich bei Löhnen und Gehälter je 1000 DM Umsatz das entgegengesetzte Bild ergibt. Auch die Struktur der Beschäftigten (wenig weibliche Arbeitskräfte) ist eine andere als im Mittel der Gesamtindustrie. Eine Ausweitung von Produktion und Umsatz in der Ledererzeugung bedingt in erster Linie einen verstärkten Einsatz oder eine

Die wichtigsten Zahlen aus der Ledererzeugung

Gegenstand		Einheit	Jan.	Febr.	März	April	Mai	Juni	Juli	Aug.	Sept.	Okt.	Nov.	Dez.	Jahr MD	Summe
Produktion																
Insgesamt arbeitstäglich	1950	1936 = 100	68	68	64	66	67	63	65	75	86	84	89	85	73	—
	1951	1936 = 100	88	91	84	74	60	55	56	59	67	74	83	70	72	—
	1952	1936 = 100	73	71	68	69	67	66	66	74	82	84	87	81	74	—
	1953	1936 = 100	77	79	79	77	71	69	67	77	77 p)	77 p)	.	.	.	.
Leder insgesamt	1951	1000 t	←	20,2	→	←	14,8	→	←	14,6	→	←	17,9	→	4,0	47,5
	1952	1000 t	←	16,8	→	←	14,9	→	←	17,7	→	←	18,9	→	5,7	68,3
	1953	1000 t	←	17,7	→	←	15,6	→	←	.	→	←	.	→	.	.
Unterleder (einschl. Brandsohl- und Rahmenleder)	1951	t	←	9736	→	←	7324	→	←	6993	→	←	8169	→	2685	32222
	1952	t	←	7728	→	←	6405	→	←	7661	→	←	7695	→	2457	29489
	1953	t	←	7370	→	←	6300	→	←	.	→	←	.	→	.	.
Oberleder	1951	1000 qm	←	4483	→	←	3092	→	←	3099	→	←	3757	→	1203	14431
	1952	1000 qm	←	3850	→	←	3359	→	←	3988	→	←	4551	→	1312	15748
	1953	1000 qm	←	4590	→	←	3936	→	←	.	→	←	.	→	.	.
Futterleder	1951	1000 qm	←	917	→	←	713	→	←	755	→	←	774	→	268	3213
	1952	1000 qm	←	787	→	←	766	→	←	947	→	←	817	→	276	3317
	1953	1000 qm	←	945	→	←	821	→	←	.	→	←	.	→	.	.
Sonstige Flächenleder	1951	1000 qm	←	2731	→	←	2105	→	←	2155	→	←	2933	→	826	9914
	1952	1000 qm	←	2641	→	←	2566	→	←	3134	→	←	3772	→	1009	12113
	1953	1000 qm	←	3101	→	←	3030	→	←	.	→	←	.	→	.	.
Rohstoffversorgung																
Inländische Häute und Felle	1952	t Gg.[1]	7639	6703	7239	6392	6973	6551	7622	6959	7896	8453	7743	7940	7343	88110
	1953	t Gg.	7890	8341	8326	7664	8664	8361	7877	8721	8626	9217	.	.	.	.
Ausländische Häute und Felle	1952	t Gg.[1]	6245	8483	5940	4533	4383	4594	6657	8454	6937	7037	7511	6346	6460	77520
	1953	t Gg.	8755	6009	7078	5531	5604	5130	5531	5786	7653	7493	.	.	.	.
Einarbeitung insgesamt	1952	t Gg.[1]	14594	13758	13546	11474	11441	11258	13423	14055	15284	15787	15008	13002	13536	162430
	1953	t Gg.	15596	14895	15276	14114	13032	14084	14800	15173	15827	16481	.	.	.	.
Vegetabilische Gerbstoffe	1953	t Rg.[2]	2078	1347	1973	1612	1774	2002	1414	1756	1361	1326	.	.	.	.
dar.: Fichtenrinde		t Rg.	32	44	32	47	62	102	202	278	181	122	.	.	.	.
Eichenrinde		t Rg.[2]	4	7	28	18	92	115	78	41	47	42	.	.	.	.
Quebrachoextrakt		t Rg.	480	403	338	403	289	461	423	399	367	230	.	.	.	.
Synth. Gerbstoffe und Austausch-Gerbstoffe	1953	t Rg.[2]	595	542	721	575	521	513	501	627	645	693	.	.	.	.
dav.: Tanigane		t Rg.	415	436	499	451	378	404	360	472	483	524	.	.	.	.
Zelluloseextrakt		t Rg.	86	45	145	78	61	62	71	84	77	95	.	.	.	.
sonstige synth. Extrakte		t Rg.	94	61	77	46	82	47	70	71	85	74	.	.	.	.
Umsatz																
Insgesamt	1950	Mill. DM	60,8	55,1	61,0	52,6	55,9	58,7	66,4	93,6	100,5	89,5	97,2	89,1	73,7	880,4
	1951	Mill. DM	112,1	101,2	89,2	71,1	53,5	58,8	56,4	64,9	79,0	94,1	91,0	68,9	78,4	940,2
	1952	Mill. DM	73,3	69,1	61,9	56,2	58,3	57,2	63,2	72,4	80,3	86,6	87,4	78,2	70,3	844,1
	1953	Mill. DM	72,1	66,3	70,3	63,2	59,1	64,2	67,8	72,3	82,1	.	.	.	.	.
Auslandsumsatz	1950	Mill. DM	0,8	0,9	0,7	0,8	1,4	1,6	1,6	1,8	2,5	2,6	3,0	3,3	1,8	21,0
	1951	Mill. DM	3,2	2,6	4,2	4,5	3,4	3,7	3,1	3,2	2,5	3,4	2,7	2,7	3,3	39,2
	1952	Mill. DM	2,5	2,4	2,6	2,3	3,4	3,2	3,1	3,3	3,2	4,9	4,7	5,2	3,4	40,8
	1953	Mill. DM	4,2	4,5	4,6	4,3	4,5	5,3	5,2	4,7	5,8	.	.	.	.	.
Exportquote	1950	vH	1,3	1,6	1,2	1,5	2,6	2,7	2,3	1,9	2,5	2,9	3,1	3,7	2,3	—
	1951	vH	2,8	2,6	4,7	6,3	6,4	6,4	5,5	5,0	3,1	3,6	4,1	3,9	4,5	—
	1952	vH	3,5	3,5	4,2	4,2	5,8	5,5	4,9	4,6	4,0	5,6	5,4	6,6	4,8	—
	1953	vH	5,9	6,8	6,5	6,9	7,6	8,2	7,7	6,4	7,1	.	.	.	.	—
Außenhandel																
Einfuhr insgesamt	1950	Mill. DM	25,6	25,3	20,6	20,4	20,5	22,4	19,2	18,9	30,4	45,1	42,3	48,4	28,3	339,1
	1951	Mill. DM	47,9	38,8	36,1	32,8	25,7	23,5	20,7	22,2	24,9	18,7	17,2	25,2	27,8	333,7
	1952	Mill. DM	27,8	34,2	24,8	21,2	22,9	19,4	25,3	29,2	26,7	29,8	27,6	34,1	26,9	323,0
	1953	Mill. DM	30,0	26,1	27,4	27,5	25,6	26,6	29,6	26,2	31,3	38,0	.	.	.	.
dav.: Häute und Felle	1950	Mill. DM	18,1	18,1	14,1	14,1	14,6	15,1	13,5	11,4	19,9	30,2	29,6	33,8	19,4	232,5
	1951	Mill. DM	31,6	20,7	22,8	23,6	21,4	18,6	16,4	15,6	14,3	14,3	12,3	20,0	19,4	231,6
	1952	Mill. DM	22,4	28,3	19,5	15,4	16,1	14,0	19,9	22,7	19,4	20,8	20,3	24,7	20,3	243,5
	1953	Mill. DM	21,4	18,3	18,3	19,0	18,0	18,4	22,0	18,9	22,7	27,7	.	.	.	.
Gerbhölzer, Rinden	1950	Mill. DM	0,5	0,4	0,8	0,7	0,6	0,3	0,2	0,4	0,4	0,5	0,7	0,6	0,5	6,1
	1951	Mill. DM	0,5	0,5	0,7	1,3	0,7	0,3	0,5	0,3	0,5	0,7	0,8	0,3	0,6	7,1
	1952	Mill. DM	0,3	0,4	0,5	0,5	0,6	0,3	0,3	0,4	0,6	0,6	0,4	0,4	0,4	5,3
	1953	Mill. DM	0,8	0,5	0,9	1,0	0,8	0,7	0,6	0,7	0,3	0,6	.	.	.	.
Gerbstoffauszüge	1950	Mill. DM	1,3	0,7	1,1	0,9	1,0	3,5	1,3	0,8	0,8	1,5	1,1	2,3	1,4	16,3
	1951	Mill. DM	3,5	1,0	0,7	1,1	1,0	1,5	1,1	2,3	2,1	0,9	0,5	0,7	1,4	16,4
	1952	Mill. DM	1,1	2,0	1,9	0,5	0,3	0,5	0,2	0,8	1,2	1,6	1,0	1,4	1,0	12,5
	1953	Mill. DM	1,6	0,9	0,9	1,0	1,2	1,4	1,2	1,0	0,8	1,0	.	.	.	.
Leder	1950	Mill. DM	5,7	6,1	4,6	4,7	4,3	3,5	4,2	6,3	9,3	12,9	10,9	11,7	7,0	84,2
	1951	Mill. DM	12,3	16,6	11,9	6,8	2,6	3,1	2,7	4,0	8,1	2,8	3,6	4,1	6,6	78,6
	1952	Mill. DM	4,0	3,5	2,9	4,8	5,9	4,6	4,9	5,3	5,5	6,8	5,9	7,6	5,1	61,7
	1953	Mill. DM	6,3	6,4	7,3	6,5	5,6	6,1	5,8	5,6	7,4	8,7	.	.	.	.

[1] Gg. = Grüngewicht; [2] Rg. = Reingerbstoff; [3] Ohne Kleintierfelle.

Die wichtigsten Zahlen aus der Ledererzeugung

Gegenstand	Einheit	Jan.	Febr.	März	April	Mai	Juni	Juli	Aug.	Sept.	Okt.	Nov.	Dez.	Jahr MD	Summe
Außenhandel (Fortsetzung)															
Ausfuhr insgesamt															
1950	Mill. DM	0,9	0,9	1,3	0,9	1,4	1,8	2,0	1,8	2,5	3,7	3,3	3,8	2,0	24,3
1951	Mill. DM	3,4	3,6	4,0	5,2	5,0	4,1	3,8	4,3	3,0	3,9	3,4	3,7	4,0	47,4
1952	Mill. DM	2,7	2,4	3,0	2,6	2,8	3,8	4,0	3,0	3,3	4,6	4,2	6,0	3,5	42,4
1953	Mill. DM	4,2	4,0	4,6	4,3	4,9	5,5	5,2	5,2	5,5	6,3	.	.	.	
dav.: Leder															
1950	Mill. DM	0,8	0,8	1,0	0,7	1,2	1,3	1,9	1,6	2,4	3,0	3,1	3,5	1,8	21,3
1951	Mill. DM	3,3	3,4	3,7	4,8	4,3	3,9	3,4	4,1	2,7	3,2	2,9	3,4	3,6	43,1
1952	Mill. DM	2,7	2,4	3,0	2,6	2,8	3,8	3,5	2,9	3,3	4,6	4,1	6,0	3,5	41,7
1953	Mill. DM	4,1	3,9	4,6	4,3	4,9	5,5	5,1	5,0	5,3	6,1	.	.	.	
Beschäftigung und Löhne															
Beschäftigte															
1950	1000	30,2	30,1	29,9	29,7	29,5	29,4	29,2	30,2	30,6	31,1	31,2	31,1	30,2	—
1951	1000	31,5	31,7	31,4	31,0	30,4	29,8	29,4	29,3	29,2	29,4	29,4	29,4	30,2	—
1952	1000	29,3	29,2	29,0	28,5	28,6	28,6	28,6	29,2	29,8	30,1	30,1	29,7	29,2	—
1953	1000	29,7	29,8	29,9	29,7	29,6	29,7	29,8	30,1	30,2	.	.	.	.	
Löhne und Gehälter															
1950	Mill. DM	9,0	8,4	9,1	8,3	8,9	9,0	8,7	9,5	9,8	10,3	10,6	10,7	9,4	112,3
1951	Mill. DM	10,7	10,1	10,8	10,5	10,8	10,0	9,9	10,2	9,7	10,8	10,8	11,0	10,2	125,3
1952	Mill. DM	10,9	10,2	10,4	10,5	10,6	10,2	11,0	11,0	11,5	12,2	11,5	13,4	11,1	133,4
1953	Mill. DM	11,4	10,7	11,7	11,6	11,4	11,5	12,1	11,9	12,1	.	.	.	.	
Ertragslage															
Umsatz je Beschäftigten															
1950	DM	2014	1832	2036	1771	1893	1997	2276	3104	3290	2881	3115	2868	2423	—
1951	DM	3560	3194	2840	2294	1761	1975	1919	2213	2702	3202	3095	2347	2592	—
1952	DM	2505	2365	2133	1971	2040	1996	2207	2476	2694	2876	2906	2629	2400	—
1953	DM	2426	2229	2356	2129	1994	2161	2250	2403	2701	.	.	.	.	
Löhne und Gehälter je 1000 DM Umsatz															
1950	DM	137	140	136	144	145	142	123	95	91	105	100	110	122	—
1951	DM	88	91	109	129	175	151	155	140	111	104	100	141	125	—
1952	DM	134	133	149	161	158	161	154	135	127	126	118	151	142	—
1953	DM	141	142	146	160	165	158	156	144	128	.	.	.	.	
Lohnkosten je geleistete Arbeiterstunde															
1950	DM	1,24	1,24	1,25	1,28	1,29	1,29	1,29	1,30	1,35	1,33	1,37	1,43	1,31	—
1951	DM	1,39	1,38	1,43	1,47	1,68	1,58	1,57	1,57	1,50	1,50	1,54	1,68	1,52	—
1952	DM	1,54	1,50	1,50	1,59	1,61	1,67	1,61	1,67	1,55	1,58	1,60	1,67	1,58	—
1953	DM	1,61	1,56	1,57	1,67	1,74	1,67	1,68	1,67	1,60	.	.	.	.	
Produktivität je Arbeiterstunde															
1950	1936 = 100	←	77	→	←	77	→	←	91	→	←	91	→	84	—
1951	1936 = 100	←	95	→	←	79	→	←	83	→	←	94	→	88	—
1952	1936 = 100	←	89	→	←	86	→	←	92	→	←	94	→	90	—
1953	1936 = 100	←	92	→	←	85	→	←	87 p)	→	←	.	→	.	
Preise															
Kalbfelle, inländische															
1950	1938 = 100	510	457	439	454	469	477	496	509	635	660	636	662	534	—
1951	1938 = 100	669	678	677	653	546	516	525	484	446	491	509	499	558	—
1952	1938 = 100	471	395	343	339	299	315	351	369	412	412	430	455	383	—
1953	1938 = 100	457	454	457	455	452	461	467	476	492	497	.	.	.	
Rindshäute, inländische															
1950	1938 = 100	342	354	350	355	366	359	368	412	537	522	489	533	416	—
1951	1938 = 100	550	577	593	575	458	453	462	409	404	457	465	455	488	—
1952	1938 = 100	426	382	346	335	296	298	312	319	307	288	305	319	328	—
1953	1938 = 100	314	305	312	312	308	313	310	302	307	301	.	.	.	
Kalbfelle, 4,5 kg bayerisches Gefälle, Stuttgart															
1950	DM/Stück	5,70	5,45	5,30	5,78	5,78	5,87	5,95	6,55	8,42	7,75	7,99	8,18	6,56	—
1951	DM/Stück	8,20	8,60	8,60	8,61	6,75	6,80	6,80	—	5,20	6,70	6,38	6,25	7,17	—
1952	DM/Stück	5,50	4,52	4,68	4,51	4,07	4,36	4,40	4,75	5,15	5,20	5,20	5,75	4,84	—
1953	DM/Stück	5,75	5,75	5,85	5,85	5,85	5,97	5,97	6,25	6,35	6,35	6,20	.	.	
Großviehhäute, 30/39,5 kg bayerisches Gefälle, Stuttgart															
1950	DM/kg	2,72	2,72	2,70	2,76	2,77	2,94	3,24	3,53	4,75	3,90	3,97	4,30	3,36	—
1951	DM/kg	4,50	4,75	5,00	3,80	3,00	3,48	3,37	2,90	3,25	3,65	3,53	3,42	3,72	—
1952	DM/kg	2,88	2,61	2,34	2,14	1,96	2,23	2,28	2,55	2,45	2,36	2,54	2,47	2,40	—
1953	DM/kg	2,29	2,66	2,43	2,24	2,39	2,47	2,37	2,42	2,48	2,41	2,30	.	.	
Amerikanische Kalbfelle 9/12 lbs., New York															
1950	$/Stück	6,36	6,50	6,82	7,09	7,20	7,25	7,67	8,25	8,60	8,57	8,40	8,65	7,62	—
1951	$/Stück	9,18	8,60	8,71	9,10	9,10	9,10	7,63	7,25	5,50	5,50	4,44	4,00	7,34	—
1952	$/Stück	4,30	4,25	4,25	4,25	4,25	5,00	5,21	6,23	6,50	6,75	6,88	7,25	5,43	—
1953	$/Stück	7,35	7,50	7,61	7,65	8,13	8,30	7,00	7,00	6,88	6,50	6,35	.	.	
Südafrikanische Cap.-Häute, getrocknet, 18/20 lbs., London															
1950	d/lb.	28	28	28	28	28	28	28	29	33	38	38	42	31	—
1951	d/lb.	46	54	57	52	47	39	39	35	35	38	38	38	43	—
1952	d/lb.	37	36	33	27	26	28	28	29	30	31	31	31	31	—
1953	d/lb.	31	31	30	30	29	29	29	29	29	29	.	.	.	
Leder insgesamt (Erzeugerpreise)															
1950	1938 = 100	256	255	248	246	245	242	243	262	295	289	290	304	265	—
1951	1938 = 100	322	338	345	335	312	306	298	283	278	283	283	281	305	—
1952	1938 = 100	269	256	241	235	224	227	230	233	233	232	238	240	238	—
1953	1938 = 100	238	238	238	236	234	234	234	234	234	235	.	.	.	
Oberleder (Erzeugerpreise)															
1950	1938 = 100	277	275	268	265	265	262	264	287	330	317	320	337	289	—
1951	1938 = 100	356	367	378	369	339	331	323	309	297	302	303	301	331	—
1952	1938 = 100	286	269	249	245	231	233	237	241	245	245	259	262	250	—
1953	1938 = 100	260	261	260	258	258	256	257	257	258	259	.	.	.	
Unterleder (Erzeugerpreise)															
1950	1938 = 100	231	230	230	227	223	223	225	249	271	269	270	284	244	—
1951	1938 = 100	304	326	329	316	296	293	289	266	268	271	271	268	291	—
1952	1928 = 100	253	241	228	220	211	214	216	219	219	216	215	217	222	—
1953	1938 = 100	217	217	218	215	215	217	217	217	218	219	.	.	.	
Treibriemen- und Geschirrleder (Erzeugerpreise)															
1950	1938 = 100	203	203	197	195	195	194	193	222	270	272	262	281	224	—
1951	1938 = 100	290	308	313	304	272	269	259	237	240	245	243	237	268	—
1952	1938 = 100	226	212	200	193	179	187	190	194	192	188	191	191	195	—
1953	1938 = 100	192	190	190	185	182	182	183	182	182	182	.	.	.	

bessere Ausnutzung von Maschinen und Anlagen. An der Bewegung des Beschäftigtenstandes ist die Intensität der Produktionsschwankungen nicht abzulesen. Die Produktivität in der ledererzeugenden Industrie konnte im 1. Halbj. 1953 zwar um mehr als 15 % über den Stand des 1. Halbj. 1950 gesteigert werden, der Leistungsstand der Vorkriegszeit ist jedoch bisher

Zur Ertragslage der ledererzeugenden Industrie im Bundesgebiet

Bezeichnung der Kennziffer	Ein- heit	1950 1. Halbj.	1950 2. Halbj.	1951 1. Halbj.	1951 2. Halbj.	1952 1. Halbj.	1952 2. Halbj.	1953 1. Halbj.
		Monatsdurchschnitte						
Umsatz je Beschäftigten	DM	1924	2923	2604	2580	2168	2631	2216
Löhne und Gehälter je 1000 DM Umsatz	DM	141	104	124	125	149	135	152
Lohnkosten je geleistete Arbeiterstunde	DM	1,27	1,35	1,49	1,56	1,57	1,60	1,64
Produktivität je Arbeiterstunde	1936 = 100	77	91	87	89	87	93	89

Quelle: Berechnungen des Ifo-Instituts nach dem Industriebericht
(Betriebe mit 10 und mehr Beschäftigten)

noch nicht wieder erreicht. Angesichts der durchschnittlich ungenügenden Auslastung der vorhandenen technischen Produktionskapazitäten blieb der Ausstoß pro Arbeiterstunde in der Lederindustrie im 1. Halbj. 1953 noch um 20 % unter dem der Gesamtindustrie.

Modeabhängige Oberlederindustrie

Der wichtigste Zweig der Ledererzeugung ist die Oberlederindustrie, die im wesentlichen die Schuhindustrie mit Oberleder versorgt. Sie war am Produktionswert der gesamten Ledererzeugung 1952 mit 46 % beteiligt. Als Rohmaterial finden in erster Linie Kalbfelle, Rinds- und Roßhäute und Ziegenfelle Verwendung, nur in geringem Maße Schaffelle und Schweinshäute. In der Oberledererzeugung dominiert seit Jahrzehnten die Chromgerbung. Die Vielfalt in der Oberledererzeugung und die Hauptverwendungszwecke zeigt folgende Übersicht:

Oberlederarten und ihre Verwendung

Oberleder	Verwendungszweck
Fahlleder und Sport-Rindleder	Arbeitsschuhe, Sportschuhe
Juchten, Waterproof	Skistiefel, derbe Sporthalbschuhe, Sportstiefel
Rindbox	Sportstiefel, Straßenschuhe, Sporthalbschuhe
Boxcalf	feinere Herren- und Damenschuhe
Mastbox	Straßenschuhe
Velourleder	Modische Herren- und Damenschuhe
Chevreaux	orthopädische Schuhe, Damenschuhe
Roßbox, Roßchevreau	Herren-, Damen- und Kinderschuhe in mittleren Preislagen
Reptilleder	elegantes, modisches Schuhwerk

Die Reaktion des Verbrauchers auf den einfachen Einheitsschuh der Kriegszeit war eine verstärkte Nachfrage nach modischem Schuhwerk, die in den Nachkriegsjahren die Schuhindustrie und damit auch die Oberledererzeugung vor immer neue Probleme stellte. Die Zurichtung und Färbung des Oberleders wurde hierdurch entscheidend beeinflußt. Seit der Währungsreform waren die vom Publikum und der Schuhindustrie am meisten gewünschten Lederarten glattes Rindbox und Boxcalf, Velour- und Samtleder sowie Chevraux. Daraus er=

gaben sich, unabhängig von der konjunkturellen Entwicklung der anderen Zweige der leder=
erzeugenden Industrie, vorübergehende Verknappungen in der Oberlederversorgung, insbe=
sondere in Boxcalf und Velourleder, die zu Preissteigerungen führten.

Dagegen war das künstlich genarbte Oberleder, für das beschädigte Häute außer zu Rauhleder
ebenfalls gut verwendet werden können, trotz guter Qualität seit 1948 wenig gefragt. Schon
bei den „Jedermann=Schuhen" war es vom Käufer abgelehnt worden. Beim deutschen Verbrau=
cher machte sich seit Ende 1952 auch eine verstärkte Nachfrage nach dem bislang sehr ver=
nachlässigten Lackleder geltend.

So unterliegt die Oberlederindustrie wie kein anderer Zweig der Ledererzeugung dem Wandel
des Geschmacks und der Mode. Dem steigenden Moderisiko versucht die Oberlederindustrie
dadurch zu begegnen, daß sie ihre Produktion den Richtlinien des Modeausschusses der Schuh=
industrie angleicht. Andererseits gibt die chemische Industrie in ihren Musterkarten der Ober=
lederindustrie eine richtungsweisende Beratung über geeignete Farbstoffe und Farbstoff=
kombinationen zur Erzielung der jeweils gangbaren Modetöne.

Unterleder im Kampf gegen Gummi und Krepp

Beim Unterleder, auf das 1952 rd. 22 % der Ledererzeugung entfielen (einschließlich Brandsohl=
und Rahmenleder) unterscheidet man vier Hauptgruppen: das feste, altgegerbte Sohl= und
Vacheleder (Gerbdauer 1—1½ Jahre), das in der kürzeren kombinierten Gruben= und Faß=
gerbung hergestellte Sohl= und Vacheleder, das schnellgegerbte Vacheleder (Gerbdauer 4 bis
8 Wochen) und das Chromsohlenleder. Aus Abfällen (Garnituren), Spalten und beschädigten
Häuten werden in der Unterlederindustrie gleichzeitig Brandsohlleder und Rahmenleder für
die Schuhindustrie hergestellt. Während in der Herstellung von Oberleder die Gerbkosten
relativ gering sind und erst die Zurichtung größeren Arbeitsaufwand erfordert, ist die Unter=
lederzeugung durch die durchschnittlich wesentlich längere Gerbdauer mit sehr viel höheren
Kapitalkosten belastet. Das Hauptproblem der Unterlederindustrie besteht deshalb von jeher
darin, verkürzte Gerbverfahren zu entwickeln, ohne daß die Qualität des Unterleders darunter
leidet, was jedoch nur schwierig zu erreichen ist.

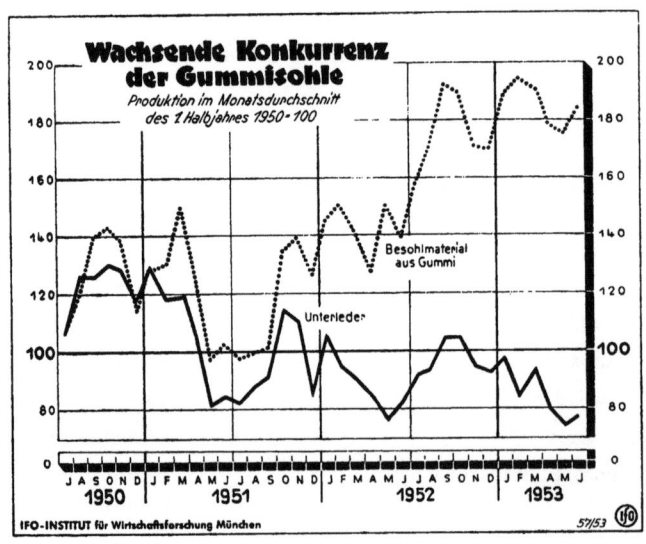

Der Kostenanteil, der bei der Schuhherstellung auf die Leder=
sohle entfällt, ist daher relativ hoch und die Verarbeiter sind schon seit mehr als 15 Jahren bemüht, ein billigeres und doch dem Leder gleichwertiges Soh=
lenmaterial zu finden. Insbeson=
dere preisliche Momente haben die Entwicklung zugunsten der Nichtledersohle beeinflußt. Frü=
here Versuche mit der Natur=
kreppsohle haben gezeigt, daß dieses Material außerordentlich modeabhängig ist. Die Herstel=
lung von Gummisohlen bewegte sich noch vor dem Kriege 1938/39 auf etwa gleicher Höhe wie die
Erzeugung von Gummiabsätzen. Während der Kriegs= und Nachkriegsjahre erwuchs der
Gummisohle dann die volkswirtschaftliche Aufgabe, die Ledersohle in steigendem Umfang zu
ersetzen. Da diese schwarze Gummisohle beim Verbraucher jedoch in Mißkredit geraten war,
wurden nach der Währungsreform in erster Linie wieder Schuhe mit Ledersohlen bevorzugt.
Im Jahre 1950/51 bedeutete zeitweise allerdings die Naturkreppsohle für die Ledersohle eine
stärkere Konkurrenz als die normale Gummisohle. Die modische Kreppsohle wurde
aber schon Ende 1951 von der farbigen und insbesondere der transparenten Formsohle aus

Gummi abgelöst, deren Erzeugung im Jahre 1952 sprunghaft gestiegen ist. Daneben fanden auch die sogenannten Porensohlen auf dem Schuhsohlenmarkt Eingang, die auf der Basis von Moosgummi und Zellgummi hergestellt werden.

Produktion von Besohlmaterial aus Gummi

im Bundesgebiet in Tonnen

Zeit	1950	1951	1952	1953
1. Vierteljahr	5 625	7 017	7 925	9 896
2. Vierteljahr	4 960	5 700	7 287	9 551
3. Vierteljahr	6 479	5 191	9 293	.
4. Vierteljahr	6 995	7 070	9 393	.
Jahr	24 059	24 978	33 898	.

Quelle: Industriebricht (Betriebe mit 10 und mehr Beschäftigten)

In Westdeutschland hatte die Ledersohle bisher in der konservativen Einstellung weiter Verbraucherkreise und auf Grund ihrer vielfachen Vorzüge doch eine gewisse Stütze. In anderen Ländern, hauptsächlich aber in USA, hat die Nichtledersohle schon früher Bedeutung gewinnen können. Im Jahre 1926 bestanden dort noch 95 % aller Schuhsohlen aus Leder; 1942 waren es 78 % und 1951 nur noch 54 %. 1952 wurden rund 40 % der Damenschuhe, 55 % der Herrenschuhe und 95 % der Kinderschuhe mit Nichtledersohlen ausgestattet, d. s. rund 50 % aller Schuhsohlen. Zweifellos ist auch in Westdeutschland noch eine Verschärfung des Wettbewerbs zwischen Gummi= und Ledersohle zu erwarten. Dieser Konkurrenz versucht die Unterlederindustrie in erster Linie von der Qualitätsseite her zu begegnen.

Feinleder durch Kunststoffe bedroht

Die Grenzen zwischen Oberleder und Feinleder — Leder für die Herstellung von Täschner= und Portefeuillewaren, für Lederhandschuhe und Lederbekleidung — sind vielfach flüssig. Dagegen besteht eine deutliche Trennung nach dem Abnehmerkreis: die Hauptabnehmer der dünnen Leder sind die verschiedenen Zweige der Lederverarbeitung; der wichtigste Verbraucher für Oberleder ist die Schuhindustrie. Die Rohwaren, die verarbeitet werden, sind in erster Linie Kalb= und Ziegenfelle, gespaltene Großviehhäute, Häute exotischer Tiere u. a. Kleintiere.

Während zweier Weltkriege hat sich die Kunstledererzeugung zu einer ernsthaften Konkurrenz des Feinleders entwickelt. Das Vordringen der Kunststoffe stand in enger Beziehung zu den Eigenheiten des Ledermarktes, der durch die starke Rohwarenabhängigkeit außerordentlich labil ist. So konnten in den letzten Jahren insbesondere die Folien aus „Polyvinylchlorid", die sog. PVC=Folien, bekannt als Boxin oder Mipolam, in der Täschner=, Portefeuille= und Kofferindustrie Eingang finden.

Aber auch Kunstleder auf Gewebebasis, die sog. Ledertuche, traten deutlich bei der Herstellung von Bekleidung und in der Polsterindustrie als Konkurrenz des Feinleders in Erscheinung. Im Jahre 1952/53 hat sich jedoch mit der Stabilisierung der Lederpreise die Marktlage wieder wesentlich zugunsten des Feinleders gebessert.

Aber auch in allen anderen Ländern, insbesondere in den USA, die rohstoffmäßig autark sind, nimmt die Expansion der Kunststoffe als Ersatz für Leder immer ernstere Formen an. Die amerikanische Erzeugung an Kunststoffolien und Kunstleder betrug im Jahre 1951 113,5 Mill.

qm. Um die gleiche Menge Leder zu erzeugen, hätten ca. 20 bis 24 Mill. Häute verarbeitet werden müssen, was fast dem gesamten Großviehhäuteaufkommen der USA entsprechen würde. Diese Kunststoffe fanden Verwendung für:

Möbel	48 %
Automobile	20 %
Taschen	15 %
Koffer	7 %
Schuhe	6 %
Sonstige	4 %
insgesamt	100 %

Ledergroßhandel in scharfem Wettbewerb

In der Zeit der Bewirtschaftung durfte Leder nicht direkt vom Erzeuger an die Verteiler (Leder= einzelhändler) und Verarbeiter (Schuhmacher, Sattler) geliefert werden, sondern mußte über den Ledergroßhandel bezogen werden. Nur dieser war berechtigt, „Lederbezugsmarken" der Schuhmacher in „Lederschecks" umzutauschen, die allein zum Ledereinkauf in den Fabriken berechtigten. Wenn auch die Ware in den meisten Fällen direkt von der Fabrik zum Verarbeiter ging, so stellten dennoch die Fabrikanten die Ware dem Ledergroßhändler in Rechnung, der diese Beträge dann seinerseits wieder vom Empfänger einforderte. Der Ledergroßhandel be= rechnete – auch für diese Tätigkeit – eine Handelsspanne von 9 %.

Nach der Währungsreform und der Aufhebung der Bewirtschaftung war die Voraussetzung für diese starke Stellung des Ledergroßhandels nicht mehr gegeben. Nicht nur daß die Spanne für die Rechnungstellung beim Direktbezug entfiel, auch der Umfang des Direkteinkaufs nahm beachtlich zu. Die Schuhmacher schlossen sich vielfach zu Einkaufsvereinigungen zusammen, und der „Zentrale Verband der Schuhmacher=Rohstoffgenossenschaften" ist heute der be= deutendste Ledergroßhändler Westdeutschlands; Untereinkaufsgenossenschaften gibt es z. B. in Bayern 11, im Südweststaat 15 und in Hessen 3. Andererseits darf auch die Bedeutung der Einkaufsvereinigungen nicht überschätzt werden. Von den z. Z. rund 70 000 in Westdeutsch= land tätigen Schuhmachern sind nur etwa 7 000 derartigen Genossenschaften angeschlossen, so daß an und für sich für den privaten Ledergroßhandel noch genügend Raum wäre, wenn nicht der Lederbedarf des Schuhmacherhandwerks bzw. der Bedarf des ihn beliefernden Leder= einzelhandels laufend zurückgehen würde. Der Anteil der Maaß= und Orthopädieschuhmacher an der Gesamtzahl der im Bundesgebiet tätigen Schuhmacher macht nur noch etwas über 10 % aus; die große Mehrheit, d. h. fast 90 %, sind Reparaturschuhmacher und infolge ihrer großen Zahl für den Lederhandel umsatzbestimmend. Fast 90 % ihres Lederbedarfs besteht aus Unterleder; dieses steht aber in den letzten Jahren im schärfsten Wettbewerb zur Gummi= sohle. Die Verarbeitung von Gummilaufsohlen hat stark zugenommen. Demzufolge geht der Umsatz von Unterleder laufend zurück. Die Hereinnahme von Gummisohlen in das Sor= timent des Ledergroßhandels kann diesen Verlust nicht ausgleichen, da der Umsatz von Gummibesohlmaterial wesentlich geringer ist (größere Haltbarkeit und niedrigere Preise).
Der Ledergroßhandel hat versucht, diese prekäre Situation durch eine Sortimentserweiterung erträglicher zu gestalten. Er führt heute vielfach andere artverwandte Artikel wie z. B. Schuh= und Lederwaren, Lederbekleidung, Sportartikel usw.

Im Jahre 1950 gab es in Deutschland über 1 600 Leder= und Schuhbedarfs=Großhändler mit insgesamt 6 400 beschäftigten Personen. Dazu kommt noch eine kleine Zahl von Lederex= porteuren und =importeuren. Man muß allerdings noch darauf hinweisen, daß sich ein be= achtlicher Teil der 1 600 Binnenledergroßhändler nur noch als Agenten, d. h. als Handels= vertreter in von den Lederfabriken zugewiesenen Vertreterbezirken betätigt. Eine Reihe von Lederfabrikanten hat auch versucht, den Ledergroßhandel ganz auszuschalten (Vertrieb durch Reisende). Bis jetzt konnte sich aber der Reiseverkauf nicht durchsetzen, da das beim „Groß= händler" eingerichtete Lederlager eine schnelle Auslieferung an die Kunden sicherte.

Die jüngste Konkurrenz, die dem Ledergroßhandel erwuchs, besteht aus den sogenannten „Einkaufsringen" des Ledereinzelhandels. Jeder dieser Ringe nimmt an jedem Ort jeweils nur ein Mitglied auf. Die Lieferung erfolgt von den Fabriken mit hoher Rabattgewährung meist direkt an die angeschlossenen Ledereinzelhändler. Die Ringe stehen untereinander in scharfem Wettbewerb; sie versuchen durch Zusammenfassung der Nachfrage sich besondere Preisvorteile zu verschaffen. Die Gefahr einer vollständigen Ausschaltung des Ledergroßhandels scheint aber nicht mehr zu bestehen; die Lederfabriken sind anscheinend zu der Auffassung gekommen, daß sie im Falle einer Verdrängung des altangesessenen Ledergroßhandels einem Monopol des „Ringledergroßhandels" gegenüberstehen würden. Viele Gerbereien lehnen deshalb den Verkauf an Ringe grundsätzlich ab bzw. haben die Rabattsätze soweit gesenkt, daß der private Ledergroßhandel wieder konkurrieren kann.

Wenn auch nicht anzunehmen ist, daß der Ledergroßhandel das verlorene Gebiet wieder vollständig zurückerwerben kann, so ist doch damit zu rechnen, daß er durch die oben geschilderte Sortimentsausweitung die derzeitige Position halten bzw. vielleicht sogar verbessern kann.

Ausblick Die Unsicherheit in der Preisentwicklung auf dem Häute= und Ledermarkt und die zeitweise gedrückte Absatzlage spiegelt sich in den unbefriedigenden Abschlüssen der ledererzeugenden Industrie für 1952 wider. Obwohl sich seit Jahresbeginn 1953 eine relativ feste Haltung auf dem internationalen Häutemarkt abzeichnet, ist die Möglichkeit neuer Preiskrisen immer gegeben. Der Welthäutemarkt ist außerordentlich anfällig; zudem sind Kalbfelle und gute leichte Rindshäute international knapp. Das wichtigste Problem für die deutsche Lederindustrie ist, einen wirklich freien Rohstoffbezug innerhalb des europäischen Zahlungsraumes und aus Übersee zu erreichen. Bei einem gleichmäßigen Rohwarenbezug braucht die deutsche Lederindustrie die ausländische Konkurrenz in technischer Hinsicht nicht zu fürchten. Damit wäre auch die Grundlage für eine Ausweitung des westdeutschen Lederexportes geschaffen.

Der Steigerung des Lederverbrauches im Inland und der Verbesserung der Marktstellung des Leders gegenüber Gummi und Kunststoff gelten weiterhin die besonderen Bemühungen der deutschen Lederindustrie, um zu einer besseren Auslastung der Gesamtkapazität der Gerbereien zu gelangen und die allgemeine Ertragslage zu verbessern. Die gemeinsame Verkaufswerbung der Häute= und Lederwirtschaft stand auch 1953 unter dem Motto „Mehrverbrauch an Leder durch Mehrverbrauch an Waren aus Leder". Welchen Erfolg diese Bemühungen bei der starken Konkurrenz der Kunststoffe und der Nichtledersohle haben werden, hängt wesentlich — abgesehen von der Entwicklung der Häute= und Lederpreise — von einer weiteren Rationalisierung und Verbilligung des Gerbprozesses und der Zurichtungsarbeiten, vor allem aber von der Beibehaltung bzw. laufenden Verbesserung der qualitativen Vorzüge des Leders ab.

II. LEDERWAREN

Die lederverarbeitende Industrie Westdeutschlands gehört zu den Industriezweigen, deren Erzeugnisse den Menschen tagtäglich umgeben und begleiten. Ihr Fertigungsprogramm ist vielseitig. Neben der Herstellung von Fertigwaren für den Konsum arbeitet sie auch als Zulieferer für die Investitionsgüter= und Verbrauchsgüterindustrie. Der wichtigste Zweig der Lederverarbeitung ist die Schuhindustrie, die in einem gesonderten Beitrag behandelt wird. Die Gürtler= und Lederbekleidungsindustrie werden im Rahmen der Bekleidungsindustrie dargestellt[1]).

Die in der Industrie=Statistik ausgewiesene Gruppe „Lederverarbeitung" umfaßt folgende Fertigungszweige:

Geschätzter Anteil am Umsatz der lederverarbeitenden Industrie

Lederwaren- und Kofferindustrie . . . . 70—75 %
Lederhandschuhindustrie . . . . 12—13 %
Treibriemen-, technische Lederartikel- und Arbeiterschutzartikelindustrie 15—20 %

Die Lederverarbeitung zählt zu den kleinen Industriegruppen. Es herrscht der Mittel= und Kleinbetrieb vor, der in der Regel Familienbesitz ist. Daher tritt der selbständige Unternehmer in dieser Branche besonders stark in Erscheinung.

Die Stellung der Lederverarbeitung

im Rahmen der Industrie des Bundesgebietes 1952

Bereich	Einheit	Leder-verarbeitung	Anteil an der gesamten Industrie in Prozent
Beschäftigte[1])	Personen	30 568	0,6
Löhne und Gehälter	Mill. DM	77,5	0,4
Umsatz	" "	456,3	0,4
Auslandsumsatz	" "	33,3	0,2

1) Durchschnitt des Standes vom 30. 6 .und 31. 12. 1952

Quelle: Industriebericht (Betriebe mit 10 und mehr Beschäftigten).

Am Umsatz und den Beschäftigten gemessen entfielen 1952 auf die Lederverarbeitung nur 0,4 bzw. 0,6 % der gesamten Industrie. Obwohl die Exportquote der Lederwaren= und Handschuhindustrie relativ hoch ist, spielt deren Ausfuhr im gesamten deutschen Außenhandel nur eine untergeordnete Rolle.

Gemessen am Umsatz der lederverarbeitenden Industrie im Jahre 1936 lagen rund 65 % im Gebiet der heutigen Bundesrepublik. Von der Täschner= und Galanteriewarenherstellung entfielen sogar 95 % auf Westdeutschland; die Treibriemen= und technische Lederartikelindustrie lag zu ca. 70 % westlich der Zonengrenze. Diesen Fertigungszweigen gingen daher durch die Zonentrennung wichtige Absatzgebiete verloren. Dagegen verblieben von der Lederhandschuhindustrie, die ihre traditionellen Standorte in Sachsen, Thüringen, der Mark Brandenburg und in Schlesien hatte, nur 30 % in der Bundesrepublik.

----
[1]) siehe Branchenhandbuch „Textil und Bekleidung", herausgegeben vom Ifo-Institut für Wirtschaftsforschung, München.

Die Bedeutung der Zonentrennung
für die deutsche Lederverarbeitung

Gebiet	Umsatz der lederver- arbeitenden Industrie 1936	Erzeugung 1936		
		Leder- treibriemen- industrie	Herstellung von Leder- u. Sattlerwaren	Leder- handschuh- industrie
Ehemaliges Reichsgebiet davon:	100,0	100,0	100,0	100,0
US-Zone	35,1	13,8	41,2	19,4
Französ. Zone [1] .	9,5	11,6	9,9	7,6
Britische Zone . .	19,7	37,9	18,9	2,9
Bundesgebiet	64,7	63,3	70,0	29,9
Berlin	11,8	6,8	12,7	11,5
Sowjetische Zone . . .	19,4	24,8	14,4	46,8
Die 4 Besatzungszonen .	95,9	94,9	97,1	88,2
Gebiet östl. Oder/Neiße	4,1	5,1	2,9	11,8

1) Einschl. Saargebiet

Quelle: *Statistisches Handbuch von Deutschland 1928—1944*

Importabhängige Rohstoffversorgung

Innerhalb der westdeutschen Lederwirtschaft spielt die lederverarbeitende Industrie als Lederverbraucher, verglichen mit der Schuhindustrie, nur eine untergeordnete Rolle. Während der Schuhsektor einschließlich Ersatz- und Reparaturbedarf ca. 75 % der westdeutschen Ledererzeugung verbraucht, nimmt die Lederverarbeitung nur die restlichen 25 % auf. Etwa 15—20 % werden für die Lederwaren- und Handschuh-Herstellung benötigt, die übrigen 5—10 % dienen der Herstellung technischer Ledererzeugnisse. Dabei handelt es sich zum Teil um Lederarten, deren Rohwaren überwiegend aus dem Ausland eingeführt werden müssen. Daher ist die Lederwarenindustrie zu durchschnittlich 75 % in ihrer Rohwarenversorgung importabhängig; die Lederhandschuhindustrie zu etwa 50 %. Die westdeutsche Feinledererzeugung hat sich weitgehend nach den Bedürfnissen ihres Abnehmerkreises spezialisiert. Die Lederversorgung aus inländischer Erzeugung zeigt einen steigenden Trend.

Produktion ausgewählter Flächenleder
im Bundesgebiet in 1000 qm

Erzeugnis	1950[1]	1951	1952	1953 1. Halbjahr
Vachettenleder . . .	1 878	1 909	2 649	1 379
Portefeuilleleder . .	2 257	2 502	2 956	1 416
Handschuhleder . . .	764	1 503	1 618	763
Orthopädieleder . . .	184	188	175	74
ASA (Arbeitsschutz- artikel)-Leder	535	717	797	493
Techn. Leder	.	326	273	162

1) Ohne franz. Zone

Quelle: Industriebericht (Betriebe mit 10 und mehr Beschäftigten).

Eine Besonderheit in der Rohstoffbeschaffung für die Lederwaren- und die Lederhandschuhindustrie besteht darin, daß vielfach nicht die Lederindustrie, sondern die großen Betriebe selbst den Einkauf der rohen oder halbgaren Felle im Ausland vornehmen. Die Handschuh-

industrie läßt ca. 30 % ihres Lederbedarfs in Lohn gerben und färben. In der Lederwaren=
industrie hat sich die Lohnzurichtung bei den dauernden Modeschwankungen immer mehr
durchgesetzt. Die Lederwarenfabrik übernimmt damit einen Teil des Moderisikos der Fein=
leder=Zurichtereien. Kleine Betriebe der Lederwarenindustrie beziehen dagegen ihre Rohstoffe
durch den Feinledergroßhandel, der sowohl den Einkauf der Felle als auch die Zurichtung der
Rohware nach den Wünschen seiner Abnehmer vornehmen läßt.

Ledereinfuhr nach ausgewählten Erzeugnissen
im Bundesgebiet in Tonnen

Erzeugnis	1949[1])	1950	1951[2])	1952	1953 Jan.-Sept.
Schafleder:					
nur gegerbt	209	625	1 388	569	409
zugerichtet[3])	459	1 080		335	294
Ziegenleder:					
nur gegerbt	104	112	488	98	110
zugerichtet[3])	176	343		489	447
Handschuhleder einschl. Glaceleder[4])	0	2	.	6	11
Leder von anderen Tieren (einschl. Fischen u. Kriechtieren) . . .	1	9	14	31	31
Rind- und Roßleder für Sattler-, Feinsattlerwaren u. a.:					
nur gegerbt	914	978	601	196	208
zugerichtet.....	114	69	97	253	337
Treibriemenleder ...	363	407	253	56	26

1) Ohne franz. Zone — 2) Ergebnisse ab Okt. durch Veränderung der Außenhandelsstatistik teilweise nur bedingt vergleichbar — 3) Bis Jan. 1952 einschl. Velour- und Futterleder — 4) Ohne Wildleder

Quelle: Amtliche Außenhandelsstatistik

Eine Aufgliederung der Ledereinfuhr nach Abnehmerindustrien ist nicht möglich. So sind in
der obigen Tabelle in den Einfuhrzahlen insbesondere für nur gegerbte und zugerichtete Schaf=
und Ziegenleder auch Einfuhren der Schuh= und Lederbekleidungsindustrie enthalten. Vor
allem die Lederwarenindustrie hat sich nach erfolgter Liberalisierung 1950 infolge der unein=
heitlichen Preisgestaltung auf dem inländischen Ledermarkt stärker dem Auslandsmarkt für
Feinleder zugewendet. Dagegen ist die Einfuhr nach der Reliberalisierung des Feinleders ab
August 1952 nur leicht angestiegen.

Zu dem Leder kommen insbesondere in der Lederwaren= und Kofferherstellung als Verarbei=
tungsmaterial die Kunststoffe hinzu, die vielfach neue Verarbeitungsmöglichkeiten erschlos=
sen haben. Die Täschner= und Reiseartikelindustrie benötigt außerdem noch eine Reihe von
Hilfs= und Nebenstoffen wie Futterstoffe und Metalle (Bügel, Verschlüsse, Beschläge); in der
Stapel=Kofferherstellung werden neben Holzrahmen insbesondere Vulkanfiber=, Hartfaserplat=
ten und andere Preßstoffe verarbeitet. Die Ausstattungsgegenstände, insbesondere für Reise=
necessaires, Etuis, und andere Erzeugnisse werden jedoch in selbständigen Hilfsindustrien
erzeugt.

Regionale Schwerpunkte Gemessen an der Zahl der Beschäftigten und den Umsätzen liegen die Schwerpunkte der Leder=
verarbeitung mit rund 32 % in Hessen, etwa zu 20 % in Nordrhein=Westfalen, zu je rd. 15 %
in Württemberg=Baden und Bayern. Das Zentrum der Lederverarbeitung in Hessen ist die
Offenbacher Lederwarenindustrie, Nordrhein=Westfalen ist Mittelpunkt der Herstellung von
Lederartikeln für technische Zwecke und Sattlerwaren, Bayern und Württemberg erzeugen
neben Kleinlederwaren und Koffer vor allem Lederhandschuhe.

Umsatz und Beschäftigte der Lederverarbeitung 1951/1952
in den Ländern des Bundesgebiets

Land	Umsatz		Beschäftigte[1]	
	1951	1952	1951	1952
	Mill. DM	Prozent	Personen	Prozent
Schleswig-Holstein	2,0	2,2	0,5	156	196	0,6
Hamburg	3,1	2,5	0,5	244	249	0,8
Niedersachsen[2])	24,2	24,9	5,5	1 378	1 508	4,9
Nordrhein-Westfalen ...	87,4	80,3	17,6	5 037	5 146	16,8
Hessen	139,7	159,5	34,9	8 879	9 645	31,6
Bayern	61,3	68,0	14,9	4 679	5 311	17,4
Württemberg-Baden	62,4	63,8	14,0	3 851	4 224	13,8
Württemberg-Hohenzollern	19,3	18,2	4,0	993	1 083	3,5
Baden	4,4	4,5	1,0	344	369	1,2
Rheinland-Pfalz	30,7	32,4	7,1	2 413	2 837	9,3
Bundesgebiet	434,5	456,3	100,0	27 974	30 568	100,0

1) Durchschnitt des Standes vom 30. 6. und 31. 12. — 2) Einschl. Bremen

Quelle: Industriebericht (Betriebe mit 10 und mehr Beschäftigten)

Angebot und Nachfrage

Die Produktion in allen Branchen der Lederverarbeitung wurde vom 3. Quartal 1950 ab bis in das 1. Halbjahr 1951 hinein von dem konjunkturellen Aufwärtstrend erfaßt, der durch den Koreakonflikt ausgelöst wurde. Die Lederwaren= und Kofferindustrie konnte im weiteren Verlauf des Jahres 1951 und im 1. Halbjahr 1952 trotz der Absatzflaute auf dem Inlandsmarkt durch den zunehmenden Export ihre Produktion weiter konjunkturell steigern. In dem raschen Wachstum der Lederhandschuherzeugung 1951/52 kam deutlich der schnelle Neuaufbau dieses Industriezweiges in Westdeutschland — vor allem in Bayern — zum Ausdruck. Dagegen wurde der ganze Sektor der technischen Lederartikel, hauptsächlich aber die Erzeugung von Spinnerei= und Weberei=Lederartikeln, von der schlechten Absatzlage in der Textilindustrie 1951/52 stark betroffen. Die Herstellung von Lederwaren für technische Zwecke blieb auch im 1. Halbjahr 1953 noch leicht gedrückt, während die Produktion in allen übrigen Zweigen der Lederverarbeitung weiterhin eine befriedigende Entwicklung zeigte.

Produktion ausgewählter Erzeugnisse der Lederverarbeitung
im Bundesgebiet

Erzeugnis	Einheit	1950		1951		1952		1953
		1. Hj.	2. Hj.	1. Hj.	2. Hj.	1. Hj.	2. Hj.	1. Hj.
Antriebsriemen	t	397	623	559	434	405	405	345
Technische Lederartikel	t	362[1])	429[1])	770	582	548	515	483
Arbeiterschutzartikel .	t	155[1])	207[1])	316	263	330	401	375
Sattler- und Feinsattlerwaren	Mill. DM	25,3[1])	36,3[1])	34,4	43,1	40,4	55,7	48,2
Feintäschner- und Galanteriewaren ..	Mill. DM	38,3[1])	55,4[1])	53,8	75,4	62,9	93,1	71,7
Feinsattler-, Feintäschner- und Galanteriewaren aus Austauschstoffen	Mill. DM	18,3[1])	29,6[1])	31,9	39,4	38,0	45,4	42,3
Lederhandschuhe[2]) ...	1000 Paar	1 210	1 797	2 085	2 660	2 171	3 573	2 831

1) Ohne franz. Zone — 2) Ohne Arbeiterschutzhandschuhe

Quelle: Industriebericht (Betriebe mit 10 und mehr Beschäftigten)

Die konjunkturelle Entwicklung der einzelnen Zweige der Lederverarbeitung ist — entsprechend den verschiedenen Abnehmerkreisen — sehr unterschiedlichen Einflüssen unterworfen. Neben der Lederwaren=, der Koffer= und der Lederhandschuhindustrie, die ausgesprochen konsum=

orientiert sind und daher in erster Linie von der Entwicklung der Einkommen und dem Kauf=
willen der Verbraucher abhängen, stehen die Treibriemen= und die technische Lederartikel=
industrie, die als Zulieferer anderer Industrien deren konjunktureller Entwicklung folgten.
Dazu kommen strukturelle Bedarfswandlungen (Überkapazität durch Zonentrennung, Einsatz
von Kunststoffen), die die Absatzmöglichkeiten in einzelnen Erzeugungszweigen begrenzen.

Die unterschiedliche Absatzentwicklung blieb nicht ohne Rückwirkung auf die Preise der ein=
zelnen Erzeugnisse der lederverarbeitenden Industrie. Die Rohstoffkosten (Feinleder und ent=
sprechende Rohwaren) waren weniger starken Schwankungen unterworfen als in der Schuh=
industrie (Ober= und Unterleder, Kalbfelle und Großviehhäute). Global gesehen zeigten daher
auch die Erzeugerpreise der gesamten Lederverarbeitung nur eine schwache Bewegung. Sie
erreichten nach der Währungsumstellung im Juli 1950 ihren tiefsten Stand. Bis April 1951
hatte sich das Preisniveau in der gesamten lederverarbeitenden Industrie um 18 % erhöht;
1951/52 glich es sich allmählich wieder dem Stand vom Sommer 1950 an und blieb im 2. Halb=
jahr 1952 und im Jahre 1953 im wesentlichen stabil. So konnten sich auch hier in den wichtig=
sten Zweigen der Lederverarbeitung, der Lederwaren= und Handschuhindustrie, Ansätze einer
Mengenkonjunktur durchsetzen.

Steigender Export Der Export der lederverarbeitenden Industrie hat sich seit 1949 von Jahr zu Jahr günstiger ent=
wickelt. Die Exportquote der Vorkriegszeit konnte allerdings noch nicht erreicht werden. Die
Gründe hierfür sind einmal im Verlust der osteuropäischen Länder als Abnehmer zu erblicken,
zum anderen in der langen Abtrennung Deutschlands von den Weltmärkten und der Unter=
brechung der alten Handelsbeziehungen. Die Lederwarenindustrie und auch die Lederhand=
schuherzeugung als wichtigste Exportindustrien mußten zudem auch modisch erst wieder den
Anschluß an den Weltmarkt finden, wo die Konkurrenz inzwischen schärfer geworden war.
So konnte bisher die Lederhandschuhindustrie, die vor dem Kriege 60—70 % ihrer Produktion
exportiert hat, nur eine Exportquote von 7—8 % erreichen.

Exportquoten der Lederverarbeitung
im Bundesgebiet

Vorgang	Einheit	1936[1]	1949[2]	1950	1951	1952	1953 Jan.-Sept.
Inlandsumsatz	Mill. RM/DM	182,9	254,7	324,5	410,3	423,0	296,9
Auslandsumsatz	Mill. RM/DM	18,9	4,7	13,3	24,2	33,3	29,5
Exportquote[3]	Prozent	9,4	1,8	3,9	5,6	7,3	9,0

1) Bereich des Bundesgebietes — 2) Ohne franz. Zone — 3) Anteil des Auslandsumsatzes am Gesamtumsatz

Quelle: Industriebericht (Betriebe mit 10 und mehr Beschäftigten); Statistisches Handbuch von Deutschland 1928—1944.

Während bis 1950 die Hauptabnehmer für deutsche Lederwaren die westeuropäischen Staaten
waren, hat sich seit Anfang 1951 eine Verlagerung nach Übersee ergeben. Die USA standen
1950 erst an achter Stelle im Export, 1952 waren sie mit 5,3 Mill. DM gegenüber der Schweiz
mit 5,5 Mill. DM der zweitwichtigste Abnehmer der Lederwarenindustrie. Südamerika — früher
Hauptabnehmer — ist infolge des Aufbaus einer eigenen Industrie den deutschen Lederwaren
bisher so gut wie verschlossen geblieben. Dies gilt infolge von Importbeschränkungen auch für
den französischen und englischen Markt.

Die wichtigsten Abnehmer auch der Lederhandschuhindustrie sind die USA und die Schweiz.
Im Jahre 1952 gingen rund 41 % des Lederhandschuhexports nach den USA und rund 31 %
nach der Schweiz. Für den Treibriemen= und technischen Lederartikelexport waren von jeher
die Türkei und die Länder des vorderen Orients von besonderer Bedeutung.

Außenhandel der lederverarbeitenden Industrie
im Bundesgebiet in 1000 RM/DM

Vorgang	1936[1])	1949[2])	1950	1951[3])	1952	1953 Jan.-Sept.
Einfuhr:						
Treibriemen u. techn. Lederartikel	325	2 538	1 311	1 808	970	603
Reiseartikel	48	11	92	54	104	97
Täschnerwaren	659	18	636	802	1 209	959
Reiseartikel, Täschnerwaren, ausgestattet	1 388	923	2 204	2 698[4])	.	.
Lederhandschuhe	597	588	1 526	792[4])	943[5])	946
Sonstige Waren aus Leder	38	42	398	546	3 767	4 373
Einfuhr insgesamt	3 055	4 120	6 167	6 700	6 993	6 978
Ausfuhr:						
Treibriemen u. techn. Lederartikel	538	114	455	1 876	3 174	2 361
Reiseartikel	536	50	374	1 736	6 689	4 473
Täschnerwaren	9 411	2 156	5 082	10 158	16 800	13 318
Reiseartikel, Täschnerwaren, ausgestattet	6 953	544	5 247	9 277[4])	3 485	2 945
Lederhandschuhe	4 437	1 018	1 873	2 660[4])	3 010[5])	4 061
Sonstige Waren aus Leder	1 684	351	718	443	4 165	3 514
Ausfuhr insgesamt	23 559	4 233	13 749	26 150	37 323	30 672
Einfuhr-(+) bzw. Ausfuhr-(—) Überschuß bei:						
Treibriemen u. techn. Lederartikeln	— 213	+ 2 424	+ 856	— 68	— 2 204	— 1 758
Reiseartikeln	— 488	— 39	— 282	— 1 682	— 6 585	— 4 376
Täschnerwaren	— 8 752	— 2 138	— 4 446	— 9 356	—15 591	—12 359
Reiseartikeln, Täschnerwaren, ausgestattet	— 5 565	+ 379	— 3 043	— 6 579[4])	— 3 485	— 2 945
Lederhandschuhen	— 3 840	— 430	— 347	— 1 868[4])	— 2 067[5])	— 3 115
Sonstige Waren aus Leder	— 1 646	— 309	— 320	+ 103	— 398	+ 859
Außenhandelssaldo insges.	— 20 504	— 113	— 7 582	—19 450	—30 330	—23 694

1) Reichsgebiet — 2) Ohne franz. Zone — 3) Ergebnisse ab Okt. 1951 durch Veränderung der Außenhandelsstatistik vielfach nur bedingt vergleichbar — 4) Nur Jan. bis Sept. — 5) Ohne 1. Vierteljahr

Quelle: Amtl. Außenhandelsstatistik

Die Liberalisierung der Einfuhr vermochte die Entwicklung in den einzelnen Produktionszweigen der Lederverarbeitung nicht spürbar zu beeinflussen. Dies gilt in erster Linie für den Bereich der gesamten Lederwaren= und Kofferherstellung. Dagegen muß sich die Lederhandschuhindustrie, die erst 1952 den Aufbau neuer Produktionsstätten in Westdeutschland abschließen konnte, mit Nachdruck der Konkurrenz der französischen und italienischen Lederhandschuhe erwehren. Bei technischen Lederartikeln, insbesondere Spinnerei= und Webereilederartikeln, ist die Konkurrenz der Schweiz und der Niederlande am stärksten.

Zur Kosten= und Ertragslage

Die verschiedenartigen Probleme in den einzelnen Fertigungszweigen der Lederverarbeitung machen eine allgemein zutreffende Charakterisierung der Ertragslage schwierig. Die Kostenstruktur der Betriebe weicht in den einzelnen Branchen erheblich voneinander ab; im allgemeinen wird die Kostenentwicklung in erster Linie vom Ledermarkt her bestimmt. Der Lederkostenanteil beträgt in der Lederwarenindustrie je nach der Art des verwendeten Leders und der Art der Waren 30 bis 50 % am Fertigwarenpreis, in der Lederhandschuhherstellung über 50 % und bei technischen Lederartikeln rund 60 % des Fertigwarenpreises. Insbesondere hat die unterschiedliche Entwicklung in den Preisen für Importleder und den westdeutschen Lederpreisen die Ertragslage oft ungünstig beeinflußt. Während in der Lederwarenindustrie die Kunststoffe als neues Verarbeitungsmaterial eine Bereicherung des Produktionsprogramms und gleichzeitig einen gewissen Risikoausgleich ermöglichen, wird die Ertragslage des gesamten technischen Lederartikelbereiches durch das Vordringen der branchenfremden Waren für technische Zwecke, die in der Gummi= bzw. chemischen Industrie aus Gummi und Kunststoffen hergestellt werden, stark gedrückt. Bei der unterschiedlichen strukturellen und konjunkturellen Entwicklung in der Lederverarbeitung können die in der folgenden Tabelle dargestellten Kennziffern nur einen globalen Überblick über die Tendenzen im gesamten Bereich, nicht aber über einzelne Fertigungszweige geben.

Zur Ertragslage der Lederverarbeitung
im Bundesgebiet

Bezeichnung der Kennziffer	Einheit	1949[1])	1950	1951	1952	1953 Jan.-Sept.
		Monatsdurchschnitte				
Umsatz je Beschäftigten	DM	1 003	1 158	1 272	1 241	1 125
Löhne und Gehälter je 1 000 DM Umsatz	DM	193	180	177	189	201
Lohnkosten je geleistete Arbeiterstunde	DM	1,01	1,01	1,08	1,15	1,16

1) Ohne franz. Zone

Quelle: *Berechnungen des Ifo-Instituts nach dem Industriebericht (Betriebe mit 10 und mehr Beschäftigten).*

Lederwaren Die Bezeichnung Lederwarenindustrie ist insofern ungenau, als diesem Wirtschaftszweig nicht alle mit der Herstellung von Waren aus Leder beschäftigten Betriebe angehören, wie beispielsweise Lederschuh=, Lederhandschuhherstellung u. a.; andererseits umfaßt die Produktion der Lederwarenindustrie eine Reihe von Erzeugnissen, die nicht aus Leder, sondern z. B. aus Kunststoffen, Papier, Holz und Textilien hergestellt werden. Hier sind insbesondere Koffer aller Art aus den verschiedensten Materialien wie Leder, Kunststoff, Ledertuch, Cord, Fiber, Hartplatte, Pappe, Holz usw. zu nennen.

Einen gewissen Einblick in die Größenstruktur der Lederwarenherstellung, der Handwerks= als auch der Industriebetriebe, deren Umsatz 1951 schätzungsweise 475–500 Mill. DM betrug, vermitteln die Ergebnisse der Arbeitsstättenzählung.

Größenstruktur der Lederwarenherstellung
im Bundesgebiet am 13. September 1950 (Arbeitsstättenzählung)

Betriebsgrößenklassen	Anzahl der Arbeitsstätten	Beschäftigte Anzahl	Prozent
1— 9 Personen	16 819	36 604	56
10— 19 „	454	6 056	9
20— 99 „	390	14 560	22
100—199 „	37	4 823	8
200—499 „	7	2 106	3
500 und mehr „	2	1 162	2
Insgesamt	17 709	65 311	100

Quelle: *Statistisches Jahrbuch 1952*

Der Umfang der Lederwaren*industrie* kann nur schätzungsweise ermittelt werden. Die geschätzte Gesamtbeschäftigungszahl — einschließlich der vielen industriellen Kleinbetriebe unter 10 Beschäftigten, die die Industriestatistik nicht erfaßt — mit insgesamt 28–30 000 Beschäftigten im Bundesgebiet hat sich gegenüber der Vorkriegszeit kaum verändert. Dagegen wurden die Kapazitäten durch Rationalisierung bedeutend ausgeweitet. Nach wie vor sind aber die handwerklichen Fähigkeiten und Kenntnisse der Fachkräfte in der Lederwarenindustrie für den Produktionserfolg von entscheidender Bedeutung. Die Zahl der Betriebe der Lederwaren=

Die wichtigsten Zahlen aus der Lederverarbeitung

Gegenstand	Einheit	Jan.	Febr.	März	April	Mai	Juni	Juli	Aug.	Sept.	Okt.	Nov.	Dez.	Jahr MD	Summe
Produktion															
Antriebriemen															
1951	1000 DM	←	7567	→	←	5872	→	←	5297	→	←	4751	→	1957	23487
1952	1000 DM	←	4724	→	←	3659	→	←	4014	→	←	3427	→	1319	15824
1953	1000 DM	←	3352	→	←	3075	→	←	.	→	←	.	→	.	.
Feintäschner- und Galanteriewaren aus Leder															
1951	Mill. DM	←	29,9	→	←	23,9	→	←	26,5	→	←	48,9	→	10,8	129,2
1952	Mill. DM	←	32,9	→	←	30,2	→	←	36,6	→	←	56,5	→	13,0	156,2
1953	Mill. DM	←	37,6	→	←	34,1	→	←	.	→	←	.	→	.	.
Umsatz															
Insgesamt															
1950	Mill. DM	20,6	20,7	26,9	23,0	22,9	21,6	21,2	26,8	34,1	39,8	41,9	38,6	28,2	338,1
1951	Mill. DM	30,6	34,9	38,4	34,2	27,7	27,0	26,4	31,6	35,5	47,6	51,7	48,9	36,2	434,5
1952	Mill. DM	29,1	31,7	37,3	34,6	32,4	26,8	29,9	31,9	42,3	53,4	54,0	52,9	38,0	456,3
1953	Mill. DM	29,3	30,8	42,7	38,2	34,5	32,9	34,2	36,9	46,9	58,9	.	.	.	.
Auslandsumsatz															
1950	Mill. DM	0,5	0,6	1,0	0,9	1,0	1,1	1,1	1,0	1,3	1,9	1,9	1,1	1,1	13,4
1951	Mill. DM	1,1	1,4	1,8	2,3	2,1	2,3	1,8	2,5	2,2	2,5	2,6	1,6	2,0	24,2
1952	Mill. DM	1,8	1,9	2,6	2,6	2,6	2,4	2,6	2,7	2,9	4,2	4,1	3,0	2,8	33,4
1953	Mill. DM	1,8	2,3	3,6	3,9	3,4	3,4	3,4	3,6	4,3	5,7	.	.	.	.
Exportquote															
1950	vH	2,3	3,0	3,8	4,0	4,3	5,1	4,7	3,9	3,8	4,7	4,6	2,7	3,9	—
1951	vH	3,5	3,9	4,8	6,7	7,6	8,5	6,7	8,0	6,2	5,2	5,0	3,4	5,8	—
1952	vH	6,0	6,0	7,0	7,4	7,9	9,0	8,6	8,6	6,8	7,8	7,5	5,7	7,4	—
1953	vH	6,3	7,6	8,4	10,1	10,0	10,2	9,8	9,8	9,1	9,7	.	.	.	—
Außenhandel															
Einfuhr insgesamt															
1950	1000 DM	443	263	342	398	386	378	395	397	566	848	937	814	514	6167
1951	1000 DM	688	692	779	441	124	383	513	724	1108	321	351	576	558	6700
1952	1000 DM	248	508	552	574	578	579	588	489	786	1093	1072	978	679	8145
1953	1000 DM	857	783	1035	950	919	948	769	891	1064	1458	.	.	.	.
dar.: Täschnerwaren und Reiseartikel[1]															
1950	1000 DM	218	133	151	208	161	250	252	183	254	263	422	433	244	2928
1951	1000 DM	348	440	498	337	31	240	121	338	723	84	143	251	296	3554
1952	1000 DM	26	37	81	102	112	113	89	53	122	120	232	226	109	1313
1953	1000 DM	59	64	116	152	149	170	100	105	140	236	.	.	.	.
Ausfuhr insgesamt															
1950	1000 DM	417	647	1029	910	906	917	1015	1050	1384	1875	2283	1316	1146	13749
1951	1000 DM	1074	1447	2041	2105	2375	2329	1991	3040	2373	2355	2517	2503	2179	26150
1952	1000 DM	1605	2054	2780	2518	2210	2068	2225	2233	2972	4464	4495	2716	2695	32340
1953	1000 DM	1606	2315	2132	3101	3032	3082	3074	3700	3847	4910	.	.	.	.
dar.: Täschnerwaren und Reiseartikel[1]															
1950	1000 DM	330	386	820	807	776	751	662	739	914	1538	1911	1069	892	10703
1951	1000 DM	792	1001	1663	1818	1896	1834	1478	2062	1837	2328	2460	2063	1769	21232
1952	1000 DM	1099	1485	2428	2351	2089	1871	1738	1739	2466	4023	3455	2430	2265	27174
1953	1000 DM	1095	1571	2536	2805	2566	2581	2230	2518	2865	4276	.	.	.	.
Beschäftigung und Löhne															
Beschäftigte															
1950	1000	22,1	22,5	22,8	22,8	22,9	23,0	23,3	24,3	25,5	26,5	26,5	25,9	24,0	—
1951	1000	28,6	28,7	28,3	27,7	26,9	26,5	27,0	27,8	28,8	29,8	30,0	29,4	28,3	—
1952	1000	29,1	28,9	29,0	29,3	29,1	29,2	30,0	30,8	31,9	32,6	32,9	32,0	30,4	—
1953	1000	31,5	31,8	31,8	32,4	32,6	32,5	32,7	33,7	34,6	35,3	.	.	.	—
Löhne und Gehälter															
1950	Mill. DM	3,9	3,8	4,3	4,0	4,3	4,3	4,2	4,9	5,4	5,5	5,3	4,5	4,6	54,5
1951	Mill. DM	5,2	5,2	5,5	5,2	5,1	5,0	5,1	5,7	5,7	6,4	6,5	6,4	5,6	67,0
1952	Mill. DM	5,9	5,7	5,9	6,0	6,1	5,9	6,1	6,4	6,8	7,7	7,5	7,6	6,5	77,6
1953	Mill. DM	6,6	6,2	6,9	7,0	6,8	6,9	7,2	7,2	7,8	.	.	.	.	.
Preise															
Treibriemen[2]															
1950	DM/m	4,91	4,91	4,91	4,91	4,91	4,62	4,62	4,98	5,82	5,64	5,64	6,12	5,17	—
1951	DM/m	6,36	7,14	7,14	6,93	6,39	6,20	6,08	5,88	5,88	5,94	5,94	5,85	6,31	—
1952	DM/m	5,79	5,14	5,08	4,95	4,91	4,98	4,98	5,03	5,03	4,83	4,83	4,83	5,03	—
1953	DM/m	4,83	4,83	4,93	4,80	4,80	4,80	4,80	4,80	4,80	4,80	.	.	.	—
Lederhandschuhe[3]															
1950	DM/Paar	14,16	14,16	14,02	13,89	13,85	13,85	13,85	13,71	13,84	13,87	13,87	14,09	13,93	—
1951	DM/Paar	14,16	14,16	14,30	14,30	14,30	14,30	14,30	14,30	14,30	14,30	14,30	14,30	14,28	—
1952	DM/Paar	14,16	14,16	14,09	14,09	14,06	13,81	13,69	13,69	13,61	13,46	13,46	13,46	13,75	—
1953	DM/Paar	13,46	13,48	12,95	12,65	12,65	12,65	12,65	12,65	12,65	12,65	.	.	.	—
Aktentasche[4]															
1950	DM/Stück	26,00	23,80	22,95	22,95	22,95	22,40	22,40	25,55	26,55	26,55	23,75	23,75	24,13	—
1951	DM/Stück	29,40	30,40	30,40	30,40	27,90	25,75	25,75	23,85	21,00	21,63	21,63	21,63	25,81	—
1952	DM/Stück	21,63	20,60	20,00	20,00	19,40	19,40	19,88	18,83	18,83	18,33	18,33	18,33	19,55	—
1953	DM/Stück	18,33	18,33	18,33	16,75	16,75	16,75	16,75	16,75	17,00	17,00	.	.	.	—
Einzelhandel															
mit Leder- und Galanteriewaren Wareneingang															
1950	1949 = 100	63	107	133	100	100	78	95	133	161	170	182	185	126	—
1951	1949 = 100	87	150	179	103	87	94	80	111	161	195	171	185	134	—
1952	1949 = 100	89	131	173	146	148	105	92	99	148	192	194	170	141	—
1953	1949 = 100	77	100	155	116	105	91	95	93	136	183	.	.	.	—
Warenabsatz															
1950	1949 = 100	68	72	103	113	98	94	123	124	114	95	120	287	118	—
1951	1949 = 100	93	91	122	111	104	105	115	128	119	123	134	327	131	—
1952	1949 = 100	93	91	126	155	140	121	141	121	107	106	128	343	139	—
1953	1949 = 100	101	82	130	125	121	117	135	121	108	112	.	.	.	—

[1] Ausgestattet und nicht ausgestattet
[2] 60 mm breit, 5 mm stark, Erzeugerpreise Bayern
[3] Nappa-gefüttert, Gr. 8, für Herren; Erzeugerpreise Bayern
[4] Vollrind, einfache Ausführung ohne Zwischenfächer, mit 2 Vortaschen und 2 verstellbaren Schlössern; Größe 42 × 27 × 10 cm; Erzeugerpreise Bayern

industrie in Westdeutschland wird auf 1 200–1 300 geschätzt. Davon entfallen allein 650 Betriebe mit etwa 17 000 Beschäftigten auf Offenbach, den Mittelpunkt der Täschnerindustrie und das Land Hessen. Gemessen am Produktionswert der Lederwarenindustrie, der 1951 und 1952 auf rd. 350 Mill. DM geschätzt wurde, hat die Offenbacher Täschnerindustrie einen Anteil von etwa 65–70 %; der Rest entfällt auf die Sattlerwaren= und Kofferindustrie und auf Galanteriewaren. Die Schwerpunkte der Sattlerwaren= und Kofferindustrie liegen mit über 100 Betrieben (ca. 3 500 Beschäftigten) in Nordrhein=Westfalen. Etwa 3 000 Beschäftigte verteilen sich auf Stuttgart, Reutlingen und Umgebung; dominierend ist hier die Stapelkofferindustrie. Die bayerische Lederwarenindustrie beschäftigt rd. 2 000 Personen. Neben Sportartikeln werden Koffer und hauptsächlich Galanteriewaren hergestellt. In Rheinland=Pfalz steht mit rund 1 500 Beschäftigten die Erzeugung von Kleinlederwaren, Sattler= und Täschnerwaren im Vordergrund. Die Berliner Lederwarenindustrie, die sich früher hauptsächlich mit der Herstellung von Ausrüstungsartikeln befaßte, hat sich meist auf Kleinleder= und Täschnerwaren umgestellt.

In der Lederwarenindustrie ist der kombinierte Betrieb sehr häufig. Meist ist mit der Täschnerwarenherstellung die Erzeugung von Kleinlederwaren verbunden, da letztere eine rationelle Verwendung der Lederabfälle ermöglicht. In den letzten Jahren ist jedoch eine ständig weitergehende Spezialisierung des Produktionsprogramms festzustellen. Als selbständiger Produktionszweig, auch auf Grund des überwiegend maschinellen Produktionsganges ist nur die Stapelkofferindustrie zu bezeichnen.

Typisch für die Offenbacher Täschner= und Galanteriewarenerzeugung ist die Beschäftigung von Heimarbeitern, sowie die Unterhaltung von Betriebswerkstätten auf dem Lande wegen der leichteren Beschaffung von Arbeitskräften. Einfache Artikel, aber auch Waren des mittleren Genres, werden vielfach in Lohnarbeit hergestellt. Der Auftraggeber hat dadurch geringe fixe Kosten und ist den saisonalen Produktionsschwankungen gegenüber wesentlich elastischer. Dies gilt auch für die Vielzahl von Klein= und Kleinstbetrieben in der Lederwarenbranche, die allein im Raum Offenbach auf 300 geschätzt werden.

Die Lederwarenindustrie, vor allem aber die Täschnerindustrie ist wie kein anderer Zweig der Lederverarbeitung modeabhängig. Die Modelle müssen meist von Saison zu Saison gewechselt werden. Vor allem im Auslandsgeschäft – das für die Lederwarenindustrie zu einer Lebensfrage wurde – ist die Einfühlung in die Wünsche der ausländischen Käuferkreise ausschlaggebend. Diese sich überstürzende modische Entwicklung in der Lederwarenindustrie gibt vielfach dem größeren Betrieb mit breiterer finanzieller Basis, entsprechendem Marktüberblick und internationalen Beziehungen einen Vorsprung gegenüber dem Kleinbetrieb.

Die Verwendung von Kunststoffen in der Lederwarenindustrie ist ein reines Preisproblem. Auf Grund der labilen Lederpreise konnten sich in den Nachkriegsjahren die PVC=Folien als neues Verarbeitungsmaterial neben dem Leder durchsetzen. Eine weitere Verbilligung der Massenerzeugung von Täschner= und Galanteriewaren aus Kunststoff brachte das Hochfrequenz=Schweißverfahren. Bald nach Beginn der Koreakrise 1950 lag der Produktionsanteil von Kunststofferzeugnissen bei 60 %; bis Mitte 1951 war er auf 50 % zurückgegangen. Er betrug 1952 nur noch 30 % und hat 1953 weiter abgenommen; einerseits eine Folge der stabilen Lederpreise und einer intensiven Werbung für Leder, zum anderen ein Ausdruck der steigenden Realeinkommen.

Der Einzelhandel mit Leder- und Galanteriewaren

Wenn der Lederwareneinzelhandel auch größenordnungsmäßig nicht an die großen Einzelhandelsbranchen heranreicht, wie z. B. den Lebensmittelhandel oder den Textilhandel, so ist er doch für den Absatz von Leder= und Galanteriewaren – unter dieser Bezeichnung verbirgt sich ein sehr umfangreiches und verschiedenartiges Sortiment – von großer Bedeutung. Für den Wirtschaftsforscher ist der Umsatz dieser Geschäfte außerdem ein gutes Konjunkturbarometer. Ein Teil der Waren ist nach dem verarbeiteten Material, der Ausführung und dem Verwendungszweck als gehobener Bedarf anzusehen. Deshalb pflegen zu Beginn konjunktureller Depressionen die Umsätze der Lederwarenfachgeschäfte sofort zurückzugehen.

In der Vorkriegszeit gab es etwa 7 600 Leder= und Galanteriewarengeschäfte mit fast 20 000 Beschäftigten (Ergebnisse der Arbeitsstättenzählung von 1939). Die Umsätze dieser Betriebe erhöhten sich in den Jahren steigender Konjunktur von etwa 240 Mill. RM (1924) auf fast 300 Mill. RM (1928/29). In der Depression gingen sie auf rd. 200 Mill. RM (1931) zurück. Die konjunkturelle Bewegung zeigt in dieser Branche stärkere Ausschläge als in anderen Fachgruppen; so sank der Anteil der Lederwarenbranche am Gesamtumsatz des Einzelhandels in der Depression von 0,9 % auf 0,7 %. In der Nachkriegszeit normalisierte sich die Verbrauchsstruktur schnell. 1949 entfielen auf den Lederwareneinzelhandel wieder 0,9 % des gesamten Einzelhandelsumsatzes; mit der allgemeinen Hebung des Lebensstandards stieg der Umsatz=

anteil bis 1952 auf 1,0 % an. In absoluten Werten waren die Umsätze des Lederwarenhandels als Folge der Preissteigerungen höher als vor dem Kriege. Nach den Schätzungen des Ifo=Instituts werden sie im Jahre 1949 etwa 300 Mill. DM betragen und sich bis 1952 auf etwa 420 Mill. DM erhöht haben. Im Jahre 1953 wurde das Vorjahresergebnis nicht ganz erreicht.

Einzelhandel mit Leder= und Galanteriewaren im Bundesgebiet

Zeit	Leder- und Galanteriewaren		Einzelhandel mit industriellen Konsumgütern (ohne Nahrungs- und Genußmittel)	
	Umsatz	Wareneingang	Umsatz	Wareneingang
	Monatsdurchschnitt 1949 = 100			
1950	118	126	118	115
1951 Jahr	131	134	132	128
1. Quartal	102	139	126	136
2. Quartal	107	95	118	116
3. Quartal	121	117	115	108
4. Quartal	195	184	169	152
1952 Jahr	139	141	136	122
1. Quartal	103	131	114	111
2. Quartal	139	133	129	111
3. Quartal	123	113	126	117
4. Quartal	192	185	173	148
1953 Jahr	.	.	.	.
1. Quartal	104	111	117	113
2. Quartal	121	104	131	111
3. Quartal	121	108	129	123

Quelle: *Institut für Handelsforschung, Köln*

Leder= und Galanteriewaren sind beliebte Geschenkartikel. Die Umsatzentwicklung dieser Branche weicht deshalb nicht unerheblich von der Saisonbewegung der anderen Einzelhandels=gruppen ab. Der Lederwarenabsatz weist im Oster=, besonders aber im Weihnachtsmonat Umsatzspitzen auf, die weit ausgeprägter sind als in den anderen Branchen.

Innerhalb der Branche ergaben sich in der Nachkriegszeit beachtliche Verschiebungen, die auf Geschmacks=änderungen des Publikums zurückgehen. Während vor dem Kriege die Kunststoff=Erzeugnisse nur etwa mit 20 % am Gesamtabsatz beteiligt waren, erhöhte sich dieser Anteil bis 1951 auf rd. 50 %. Lederwaren=abteilungen von Warenhäu=sern und Einheitspreisge=schäften setzten häufig so=gar bis zu 90 % Boxin=Artikel um.

Die relativ starke Umsatz=erhöhung der Nachkriegs=jahre, die—mitbedingt durch den hohen Anteil der Kunst=stofferzeugnisse — über die durchschnittliche Umsatzzu=nahme in den anderen Bran=chen beachtlich hinausging, wirkte sich auch in der Be=stelltätigkeit und im Waren=eingang aus.

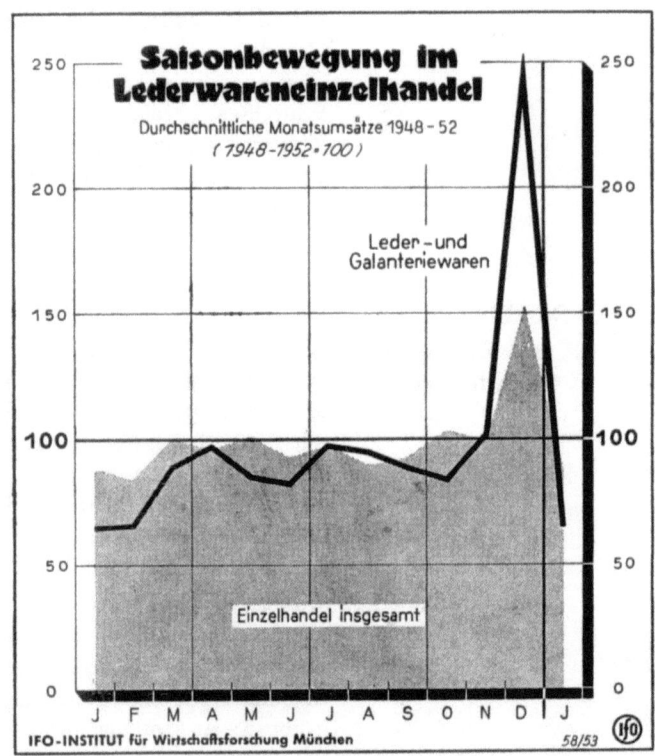

Die Lager des Lederwarenhandels, die sich in der Vorkriegszeit von rd. 140 Mill. RM im Jahre 1925 auf annähernd 170 Mill. RM im Jahre 1929 erhöht und in der Depression auf etwa 120 Mill. RM verringert hatten, waren in den Kriegs= und Nachkriegsjahren auf ein Minimum zusammengeschrumpft. Nach der Währungsreform baute der Lederwarenhandel seine Lager wieder systematisch aus. Ende 1948 erreichten sie schon wieder 36 Mill. DM. In den folgenden Jahre erhöhten sie sich laufend bis rd. 100 Mill. DM im Monatsdurchschnitt des Jahres 1952. Dieser Lagerausbau zeigt, daß man im Lederwarenhandel überwiegend optimistisch war und — bei steigendem Masseneinkommen und zunehmendem Luxusbedarf — mit weiteren Umsatzsteigerungen rechnete. Die meisten übrigen Einzelhandelsbranchen, die nach bestimmten Höhepunkten („Ess=Welle", „Bekleidungs=Welle", „Hausrat=Welle") in späteren Zeiten Umsatzrückgänge zu verzeichnen hatten (z. B. die „Textilkrise") haben ihre Läger im Jahre 1952 im Durchschnitt um 7 % verringert. Da sich im Jahre 1952 in der Gesamttendenz die Nachfrage aber schon in gewissem Umfange auf Luxus= und kulturelle Güter (Uhren, Gold= und Silberwaren, Bücher) verlagert hatte, dürften die Dispositionen des Lederwarenhandels zweckmäßig gewesen sein. Die erweiterten Lager und verbesserten Sortimente werden das Kaufinteresse fördern.

Die Verkaufspreise des Lederwareneinzelhandels entwickelten sich tendenziell gleichlaufend mit den Verkaufspreisen in der Lederindustrie. Das Ausmaß der Preisveränderung war jedoch gemäßigter. In den Jahren 1951/52 dürfte die Handelsspanne im Lederwareneinzelhandel nach den Schätzungen des Ifo=Instituts etwas über 30 % vom Umsatz betragen haben. Im Verhältnis zum Gesamtdurchschnitt der übrigen Einzelhandelsbranchen erscheint diese Spanne hoch (nach unseren Schätzungen betrug die Durchschnittsspanne im gesamten Einzelhandel nicht ganz 25 %). Zu berücksichtigen sind jedoch die relativ hohen Kosten der Lederwarenbranche: Der Anteil der Kosten betrug im Jahre 1949 etwa 24 % (gesamter Einzelhandel 18 %); er hat sich im Laufe der nächsten Jahre auf fast 29 % erhöht. Da die Spannen sich bis 1950 ermäßigten und erst in den letzten beiden Jahren wieder geringfügig erhöht werden konnten, hat sich also die Ertragslage des Lederwarenhandels eher etwas verschlechtert.

Kreditverkäufe und Außenstände, die im Lederwarenhandel keinen großen Umfang haben, haben im Trend bis in die neueste Zeit hinein leicht zugenommen.

Kreditverkäufe und Außenstände
des Leder= und Galanteriewareneinzelhandels im Bundesgebiet

Zeit		Kreditverkäufe		Außenstände	
		Mill. DM	Prozent vom Umsatz	Mill. DM	Prozent vom Umsatz
1950	März	1,2	4,8	3,4	13,3
	Juni	1,3	5,6	3,8	16,1
	September	0,6	2,4	1,8	6,3
	Dezember	3,3	4,3	3,7	5,2
1951	März	1,6	5,1	2,4	7,8
	Juni	1,3	4,8	1,7	6,6
	September	1,6	5,4	3,0	10,2
	Dezember	4,1	5,0	5,1	6,2
1952	März	1,6	5,0	3,3	10,4
	Juni	1,6	5,2	2,8	9,1
	September	1,5	5,7	1,7	6,2
	Dezember	4,5	5,2	4,0	4,7
1953	März	2,2	6,7	2,3	7,2
	Juni	1,6	5,5	2,1	7,3
	September	2,1	7,6	2,9	10,7

Quelle: *Prozentsätze: Institut für Handelsforschung, Köln; Absolute Werte: Ifo-Institut für Wirtschaftsforschung, München.*

Nach der Sättigung des dringendsten Verpflegungs=, Bekleidungs= und Wohnbedarfs ist mit einer anhaltenden Nachfrage nach Luxus= und Kulturartikeln zu rechnen. Vermutlich wird daher der Lederwareneinzelhandel die in den ersten Jahren etwas verringerte Handelsspanne wieder heraufsetzen können. Damit würde sich, sofern die Kosten nicht im selben Umfang steigen, die Ertragslage der Branche verbessern können und die Rückzahlung der für den Wiederaufbau vielfach aufgenommenen Kredite ermöglichen lassen.

Lederhandschuhe Die Lederhandschuherzeugung, deren traditionelle Produktionsgebiete, insbesondere in Mittel=
deutschland, 1945 für die Bundesrepublik verlorengingen, gehört heute im Bundesgebiet
wieder zu den übersetzten Branchen. Durch Zuwanderung von Handschuhmachern aus dem
Sudetenland und anderen mittel= und ostdeutschen Gebieten und durch Fortschritte in der
Rationalisierung sind bis 1953 in Westdeutschland allein wieder 80—90 % der Vorkriegs=
kapazitäten des gesamten Reichsgebietes aufgebaut worden.

In der Lederhandschuherzeugung sind etwa 5 000—6 000 Personen beschäftigt. Daneben
kommt der Heimarbeit, auch in den sog. Nahtanstalten, eine besondere Bedeutung zu. Nach
den Ergebnissen der Arbeitsstättenzählung vom 13. September 1950 entfällt der Hauptanteil
der Beschäftigten auf Betriebe mit 20—99 Personen.

Größenstruktur in der Lederhandschuhherstellung

im Bundesgebiet am 13. September 1950 (Arbeitsstättenzählung)

Betriebsgrößenklassen	Anzahl der Arbeitsstätten	Beschäftigte	
		Anzahl	Prozent
1— 9 Personen	212	725	13
10— 19 „	69	961	17
20— 99 „	71	2 492	46
100—199 „	4	541	10
200—499 „	3	752	14
500 und mehr „	—	—	—
Insgesamt	359	5 471	100

Quelle: Statistisches Jahrbuch 1952

Obwohl die Rationalisierung in der Lederhandschuherzeugung fortschreitet, dominiert noch
immer — auch in Fabrikbetrieben — die handwerkliche Fertigung. Die Folge ist, daß auch
die vielen Kleinbetriebe mit unter 10 Beschäftigten meist ebenso leistungsfähig sind wie die
größeren Betriebe. Doch sind die Kleinbetriebe in der Industriestatistik nicht enthalten, so daß
die Gesamtherstellung von Lederhandschuhen nicht vollständig erfaßt werden kann. Sie dürfte
1952 schätzungsweise 6—6,5 Mill. Paar betragen haben.

Erzeugung von Lederhandschuhen

im Bundesgebiet in 1000 DM .

Jahr	1. Halbjahr	2. Halbjahr	Insgesamt
1950	12 455	19 561	32 016
1951	22 019	30 156	52 175
1952	22 026	37 986	60 012
1953	26 664	.	.

Quelle: Industriebericht (Betriebe mit 10 und mehr Beschäftigten)

Die Schwerpunkte der Lederhandschuhindustrie liegen in Württemberg=Baden, Bayern, Hessen
und Nordrhein=Westfalen. Durch die Umsiedlung der Flüchtlinge nach 1945 sind insbesondere
in Bayern (neben der schon früher ansässigen Handschuhindustrie in München und Erlangen)
im Raume Günzburg die alte Aberthamer Lederhandschuhindustrie und in Traunstein die
Kaadener Betriebe als geschlossene Industriegruppe angesiedelt worden. Die Lederhandschuh=
industrie im Raume Günzburg umfaßt jetzt insgesamt 56 Betriebe mit rund 2 500 Beschäftigten.
Besondere Finanzierungsprobleme ergeben sich aus der Eigenart der Rohstoffversorgung der
Lederhandschuhindustrie. Sie beschafft ihre Felle zweimal im Jahr. Ein Großteil der Betriebe
kauft jedoch nicht wie die Lederwarenindustrie gegerbte Felle, sondern rohe Felle, die sie selbst
gerben lassen. Dieses Kapital ist ca. 6—8 Monate und länger gebunden, bis es umgeschlagen
werden kann. Daraus ergibt sich ein hoher Kapitalbedarf, der nicht immer gedeckt werden
konnte.

Gegenüber der Vorkriegszeit ist der Inlandsumsatz erheblich gestiegen. Der Wandel vom Standard=Handschuh zum modischen Handschuh in den Nachkriegsjahren dürfte der wichtigste Grund dafür sein (Vielfalt in der Verarbeitung nach Farben, Nähten, Verzierungen usw.).

Waren aus Leder für technische Zwecke

Diese Gruppe der Lederverarbeitung umfaßt die Herstellung von Ledertreibriemen, technischen Lederartikeln und Arbeiterschutzartikeln. Als Rohmaterial werden Rohhaut, Kalbleder, mittlere und schwere Rindleder oder Rindlederspalte verarbeitet. 1951 wurden durchschnittlich etwa 2 000 Personen in ca. 200 Betrieben beschäftigt. Auch im Bereich der technischen Lederartikel=Herstellung überwiegt, wie in der gesamten Lederverarbeitung, der Kleinbetrieb, so daß auch diese Fertigungszweige nur teilweise (so weit sie mehr als 10 Personen beschäftigen) laufend von der amtlichen Statistik erfaßt werden. 60 % aller Betriebe beschäftigen im Durchschnitt nur 4—5 Personen. Insgesamt wird der Umsatz= und Beschäftigtenanteil der Betriebe von 1—9 Personen auf etwa 40 % geschätzt. Der Umsatz aller Fachzweige zusammen betrug 1951 etwa 81 Mill. DM; er kann für 1952 mit 52 Mill. DM angesetzt werden.

Erzeugung von Waren aus Leder für technische Zwecke
im Bundesgebiet in 1000 DM

Erzeugnis	1950		1951		1952		1953
	1. Halbj.	2. Halbj.	1. Halbj.	2. Halbj.	1. Halbj.	2. Halbj.	1. Halbj.
Antriebsriemen . . .	6 555	10 154	13 439	10 048	8 383	7 441	6 427
Techn. Lederartikel	6 347[1])	8 181[1])	15 161	10 719	9 317	8 097	7 719
Arbeiterschutzartikel	1 567[1])	2 333[1])	4 542	3 604	4 433	4 974	4 611
1) Ohne franz. Zone							

Quelle: Industriebericht (Betriebe mit 10 und mehr Beschäftigten)

Die Standorte dieser Fertigungszweige sind ausschließlich absatzorientiert; so sind zum Beispiel die Erzeugungsschwerpunkte in Nordrhein=Westfalen durch die Nähe von Industrie und Bergbau entstanden. Ein wichtiger Zweig ist die Treibriemenerzeugung. Etwa 120 Betriebe, meist mit handwerklichem Charakter, stellen Ledertreibriemen her, vielfach in Kombination mit technischen Lederartikeln und Arbeiterschutzartikeln. Die Kapazität der Treibriemenindustrie ist durchschnittlich nur zu etwa 50% ausgenutzt. Die Gründe hierfür sind fast ausschließlich struktureller Art. So gingen mit der Zonentrennung wichtige Absatzgebiete verloren. Außerdem wird durch die Umstellung der Kraftübertragung auf Einzelantrieb der Verwendungsbereich des Ledertreibriemens eingeengt. Hinzu kommt die Konkurrenz des Gummiriemens. Die Relation Lederriemen zu Gummiriemen betrug im Jahre 1950 noch 1:1, im Jahre 1951 und 1952 dagegen 1:1,4. Entsprechend der schlechten Kapazitätsausnutzung ist auch die Ertragslage in der Treibriemenherstellung unbefriedigend.

Ein sehr differenzierter Fertigungszweig ist die Herstellung technischer Lederartikel. Von den rund 60 erzeugten Artikeln sind die wichtigsten die Spinnerei= und Webereilederartikel, Manschetten und Membranen. Obwohl die Herstellung von technischen Lederartikeln viel Verwandtes mit der Treibriemenerzeugung aufweist, ist sie arbeitsintensiver und vollzieht sich mehr in größeren Betrieben. Die Geschäftsentwicklung wird bei Textillederartikeln wesentlich von der Lage im Textilsektor beeinflußt. Auch im Bereich der technischen Lederartikel bahnt sich durch die Konkurrenz der Kunststoffe eine ähnliche Entwicklung wie in der Riemenherstellung an.

Im Gegensatz zur Treibriemen= und technischen Lederwarenerzeugung sind die Betriebe, die Arbeiterschutzartikel herstellen, im allgemeinen weniger von strukturellen und konjunkturellen Einflüssen abhängig. Durch die umfassende deutsche Gesetzgebung zur Unfallverhütung und unter dem Zwang zur Anwendung vorbeugender Schutzmaßnahmen sind die Arbeiterschutzartikel zu einem wichtigen Arbeitselement in der Industrie geworden, für deren Beschaffung der Arbeitgeber verantwortlich ist. Die Herstellung von Arbeiterschutzartikeln erfordert keinen größeren Maschineneinsatz, ist aber arbeitsintensiver als die Erzeugung technischer Lederartikel.

Ausblick Für die konsumorientierten Fertigungszweige, die Lederwaren= und Kofferindustrie und Leder=
handschuherzeugung, ergeben sich mit dem zunehmenden Masseneinkommen günstige lang=
fristige Absatzchancen im Inland. Die zu erwartende weitere Ausdehnung der Reisetätigkeit
wird zu einer Belebung des Koffer= und Reiseartikel=Geschäftes führen. Da sich infolge der
Überkapazität auch bei Lederwaren und Lederhandschuhen die Inlandskonkurrenz verstärkt
hat, kommt der modischen Gestaltung der Erzeugnisse — neben einer weiteren Verbilligung —
größte Bedeutung zu. Obwohl der Inlandsmarkt durch die modischen Wandlungen aufnahme=
fähiger ist als in der Vorkriegszeit, müssen sowohl bei Lederwaren als auch bei Lederhand=
schuhen die Exportbemühungen weiterhin im Mittelpunkt stehen, um zu einer ausreichenden
Kapazitätsausnutzung zu gelangen.

Während im Lederwarenbereich die Kunststoffe keine Beschränkung des Absatzes, sondern
sogar vielfach eine Verbreiterung des Absatzmarktes für Lederwaren geschaffen haben, hat
das Vordringen der Kunststoffe usw. im Bereich der technischen Lederartikel strukturelle
Wandlungen ausgelöst. Hier kann nur durch eine Hebung der Qualität und Verbilligung der
Erzeugnisse aus Leder der Konkurrenz der Kunststoffe und des Gummis wirksam begegnet
werden. Mit der im März 1953 erfolgten Liberalisierung für technische Lederartikel und Treib=
riemen und angesichts der leistungsfähigen ausländischen Konkurrenz erscheint dies um so
dringlicher. Einen gewissen Schutz dürften die Zollsätze von 14 % für den Treibriemensektor
und 17 % für Textillederartikel bedeuten.

III. SCHUHE

Die erste Entwicklungsstufe des Lederschuhes war die Sandale der alten Kulturvölker, die in Farbe, Qualität und Aussehen Aufschluß über Rang und Vermögen ihres Trägers gab. Mode, Lebensweise und Technik veränderten im Wandel der Zeiten die charakteristischen Schuh= formen.

Schuhverbrauch und Lebensstandard

Die Höhe des Schuhverbrauchs gilt allgemein als ein Maßstab für den Lebensstandard. Dabei ist jedoch auch der Einfluß des Klimas zu beachten: in wärmeren Zonen ist der Bedarf an Schuhwerk und anderer Bekleidung geringer. Daneben sind die unterschiedlichen Verbrauchs= gewohnheiten (Häufigkeit der Reparaturen, Verhältnis von leichtem zu schwerem Schuhwerk) der einzelnen Völker von Bedeutung.

Schuhverbrauch und Lebensstandard in ausgewählten Ländern 1949

	Volkseinkommen in Dollar je Kopf der Bevölkerung[1]	Geschätzte Lederschuherzeugung je Kopf der Bevölkerung[2]
Vereinigte Staaten . . .	1 453	3,05
Großbritannien	773	2,69
Frankreich	482	1,08
Westdeutschland	320	0,96
Italien	235	0,52
Indien	57	0,12

In den Kriegs= und Nachkriegsjahren hat sich deutlich gezeigt, daß der Dringlichkeitsgrad der Schuhversorgung fast an den der Grundnahrungsmittel heranreicht und den der textilen Be= kleidung übertrifft. Die Schuhversorgung Westdeutschlands hatte 1952 mit 1,15 Paar je Kopf der Bevölkerung noch nicht wieder den Vorkriegsstand (1936 = 1,20 Paar, 1938 = 1,31 Paar Lederschuhe) erreicht. Mit Ausnahme von Österreich, das mit dem überdurchschnittlichen An= teil an handgefertigten Schuhen eine Sonderstellung einnimmt, und abgesehen von dem — klimatisch bedingten — niedrigen Schuhverbrauch der südlichen Länder, blieb der Schuhver= brauch in der Bundesrepublik bisher unter dem Durchschnitt der übrigen westeuropäischen Länder.

Verschiedene Untersuchungen über die Haushaltsausgaben in Arbeitnehmerfamilien ermög= lichen einen Einblick in die Besonderheiten des Schuhbedarfs. Das Statistische Bundesamt hat im Rahmen einer solchen Wirtschaftsrechnung ermittelt, daß auf Schuhe und Reparaturen in den untersuchten Zeiträumen 1949 bis 1951 vom Gesamtaufwand für Konsumgüter 2,8 bis 2,6 % entfielen; der übrige Bekleidungsbedarf schwankte dagegen zwischen 14,2 % und 11,2 %. Während 1949 rund 17 % der gesamten Bekleidungsausgaben für die Neuanschaffung von Schuhen und für Schuhreparaturen aufgewendet wurden, betrug dieser Anteil Ende 1951 — bei einem erheblich geringeren Gesamtaufwand für Bekleidung — fast 20 %. Das Hessische Statistische Landesamt ist bei einer Untersuchung der Verbrauchsausgaben für Schuhe und Zubehör verschiedener Aufwandsgruppen 1949 zu ähnlichen Ergebnissen gekommen.

Allgemein ergibt sich aus diesen Untersuchungen, daß die absoluten Aufwendungen für Schuhe und Reparaturen mit den Gesamtausgaben (= Nettoeinkommen) steigen bzw. fallen, der An= teil an den Gesamtausgaben jedoch eine entgegengesetzte Tendenz zeigt. Der Schuhbedarf ist also — im Gegensatz zum übrigen Bekleidungsbedarf — nur wenig elastisch. Von Schuhpreis= erhöhungen wird daher gerade die Masse der unteren Einkommensgruppen betroffen. Die Absatzentwicklung nach dem Kriege ist allerdings in weit höherem Maße konjunkturellen Einflüssen unterworfen als früher, da die Nachfrage durch den Einfluß der Mode über den eigentlichen Nachholbedarf hinaus angeregt wird.

---

1) **United Nations 1950** — 2) **US-Department of Commerce**

Freie Kapazitäten schon in der Vorkriegszeit

Die Schuhindustrie ist neben der Textil= und Bekleidungsindustrie einer der wichtigsten Zweige der Verbrauchsgüterindustrie. Gemessen am Umsatz der gesamten Industrie hat sie jedoch nur einen Anteil von 1,2 % (1952).

Die Stellung der Schuhindustrie im Rahmen der Industrie des Bundesgebietes 1952

Bereich	Einheit	Schuhindustrie	Anteil an der gesamten Industrie in Prozent
Beschäftigte[1]	Personen	90 413	1,6
Löhne und Gehälter	Mill. DM	258,1	1,2
Umsatz	Mill. DM	1 443,4	1,2
Auslandsumsatz	Mill. DM	6,7	0,1
[1] Jahresdurchschnitt			

Quelle: *Industriebericht (Betriebe mit 10 und mehr Beschäftigten).*

Die moderne Schuhherstellung gliedert sich in 5 große Arbeitsabschnitte: Zuschneiderei, Schär= ferei und Stepperei, Stanzerei und Absatzbau, Zwickerei und Bodenbefestigung und schließlich Fertigmacherei. Noch gibt es keine Maschine, die einen Schuh in einem Arbeitsgang herstellen könnte. Die Aufteilung des Arbeitsprozesses bedingt eine entsprechende Struktur der Beschäf= tigten. Männliche Arbeitskräfte werden vorzugsweise bei der Herstellung des Schuhbodens verwendet, für die umfangreichen Stepparbeiten sind dagegen Frauen am besten geeignet. Die Frauen stellen daher mit rund 52 % über die Hälfte der Beschäftigten in der Schuhindustrie. Die niedrigeren Frauenlöhne senken das durchschnittliche Lohnniveau, so daß der Anteil der Schuhindustrie an der Gesamtindustrie, gemessen an der Lohn= und Gehaltssumme, niedriger ist als der Beschäftigtenanteil. Da die Schuhindustrie fast ausschließlich auf den Inlandsabsatz angewiesen ist, bleibt ihr Anteil am Auslandsabsatz der gesamten Industrie mit nur 0,1 % außerordentlich niedrig.

Das Schwergewicht der Schuherzeugung lag mit 71 % schon in der Vorkriegszeit im heutigen Bundesgebiet. Die Zonenabschließung bedeutete den Verlust wichtiger Absatzgebiete für die westdeutschen Schuhfabriken.

Aber auch in der Vorkriegszeit reichten die Absatzmöglichkeiten der Schuhindustrie im In= und Ausland nicht aus, um die vorhandenen Produktionskapazitäten, die im ehemaligen Reichs= gebiet auf 100 Mill. Paar Schuhe jährlich geschätzt wurden, voll auszunutzen. Bei fortschrei= tender Rationalisierung und Verbesserung der Schuhmaschinen blieben in den Jahren 1934 bis 1936 durchschnittlich 30 % der Kapazitäten in der Schuhindustrie unausgenutzt.

Die Bedeutung der Zonentrennung für die Schuhindustrie

Gebiet	1936					
	Umsatz d. Schuh- industrie	Rohstoffgrundlage Erzeugung von			Erzeugung von	
		Sohl- leder	Ober- leder	Sonstig. Leder	Leder- Schuhen	Stoff- Schuhen
	Anteil in Prozent					
Ehem. Reichsgebiet	100,0	100,0	100,0	100,0	100,0	100,0
davon:						
US-Zone	28,0	34,0	34,0	34,0	26,0	25,9
Brit. Zone	11,7	29,9	29,9	30,0	18,0	18,0
Franz. Zone[1]	33,5	10,1	10,0	10,0	27,0	27,0
Bundesgebiet[1]	73,2	74,0	73,9	74,0	71,0	70,9
Berlin	2,1					
Sowjetische Zone	20,2	26,0	26,1	26,0	29,0	29,1
Gebiet östl. Oder/Neiße . . .	4,5					
[1] Einschl. Saargebiet						

Quelle: *Statistisches Handbuch von Deutschland 1928—1944.*

Ein gewisser Ausgleich für die verminderten Absatzmöglichkeiten ergab sich aus dem durch Flüchtlinge vermehrten Bevölkerungsstand Westdeutschlands. Eine weitere Steigerung des Schuhverbrauchs in der Bundesrepublik wird u. a. wesentlich davon abhängen, in welchem Umfange diese Flüchtlinge in den Arbeitsprozeß Westdeutschlands eingegliedert, ihre soziale Stellung und damit ihr Realeinkommen gehoben werden können. Auch der Bedarfswandel vom einfachen Gebrauchsschuh zum modisch betonten Schuh, der dazu führt, daß sich der Bedarf über den Verschleiß hinaus erhöht, wirkt der Freisetzung von Kapazitäten entgegen.

Hoher Marktanteil der Großbetriebe Untersucht man die westdeutsche Schuhindustrie in ihrer Betriebsgrößenstruktur, so ergibt sich eine Pyramide mit einer außerordentlich breiten Basis von kleineren und kleinen Betrieben. Der zahlenmäßige Anteil der Großbetriebe ist relativ gering. Am Umsatz und den Beschäftigten gemessen entfallen jedoch auf Großbetriebe mit 500 und mehr Beschäftigten 34 %.

Betriebsgrößenstruktur in der Schuhindustrie im Bundesgebiet; April 1951

Betriebsgrößenklassen	Anzahl der Betriebe	Anzahl der Beschäftigten	Monatlicher Umsatz in 1000 DM	Umsatz je Beschäftigten in DM
10 — 19 Personen	209	2 767	2 889	1 044
20 — 49 "	292	9 029	9 819	1 087
50 — 99 "	197	13 572	17 237	1 270
100 — 199 "	115	15 556	19 909	1 280
200 — 499 "	61	18 444	28 930	1 569
500 — 999 "	12	8 567	13 574	1 584
1000 und mehr Personen	11	21 331	35 430	1 661
Insgesamt	897	89 266	127 788	1 432

Quelle: Industriebericht (Betriebe mit 10 und mehr Beschäftigten).

Wie auch aus den Umsatzzahlen je Beschäftigten hervorgeht, liegt die günstigere Ertragsmöglichkeit bei den Großbetrieben. Der große Betrieb ist dem kleineren technisch und kostenmäßig überlegen. Was jedoch die großen Schuhfabriken an Kapitalkraft und Betriebsorganisation voraus haben, kann der kleine Betrieb vielfach durch Wendigkeit und Marktanpassungsfähigkeit ausgleichen. Es hat sich in den Nachkriegsjahren gezeigt, daß gerade die Tendenz zum modischen Schuh dem Klein- und Mittelbetrieb große Chancen bietet. Es liegt in der Technik der Schuhherstellung begründet, daß sich die kleineren Betriebe schneller auf Änderungen der Geschmacksrichtung, auf neue Macharten und Sonderwünsche der Konsumenten umstellen können. Ferner wird bei konjunkturellen Rückschlägen im Großbetrieb stets das gesamte Gefüge der durchrationalisierten Arbeitsteilung gestört, die auf einer gleichmäßigen Beschäftigung aufgebaut ist. Allerdings ergeben sich für Klein- und Mittelbetriebe Schwierigkeiten aus ihrer Stellung zwischen zwei starken Marktparteien, nämlich den großen Markenschuhfabriken einerseits und dem in Einkaufsvereinigungen organisierten Einzelhandel andererseits.

Schuhmetropole Pfalz Mit etwa 380 Schuhfabriken liegt das Schwergewicht der Schuherzeugung in der Pfalz; Pirmasens und Umgebung allein sind am Umsatz und an der Beschäftigtenzahl der gesamten Schuhindustrie mit fast 30 % beteiligt. Die Schuhfabrikation in der Südpfalz blickt auf eine lange Tradition zurück. Die für die Pfalz typischen Kleinbetriebe sind die ständige Quelle für qualifizierte Arbeitskräfte.

Neben der pfälzischen Schuhindustrie hat das heutige Land Baden-Württemberg, gemessen am Umsatz und den Beschäftigten, die größte Bedeutung. Mit 185 Schuhfabriken ist auch Nordrhein-Westfalen heute eines der wichtigsten Produktionszentren. Daneben kommt der bayerischen Schuhindustrie mit etwa 125 Betrieben eine wachsende Bedeutung innerhalb der westdeutschen Schuhindustrie zu.

Umsatz und Beschäftigte der Schuhindustrie
in den Ländern des Bundesgebietes

Land	Umsatz				Beschäftigte[1])		
	1951	1952			1951	1952	
	Mill. DM		Proz.		Personen		Proz.
Schleswig-Holstein	15,2	15,5	1,1		1 021	990	1,1
Hamburg	1,7	1,3	0,1		156	123	0,1
Niedersachsen[2])	39,9	45,3	3,2		2 777	2 939	3,2
Nordrhein-Westfalen	244,4	246,9	17,2		14 826	15 133	16,7
Hessen	126,1	125,5	8,8		8 815	8 198	9,1
Bayern	187,5	178,3	12,4		12 037	12 162	13,5
Württemberg-Baden	297,8	300,1	20,9		16 985	17 515	19,4
Württemberg-Hohenzollern	92,9	84,4	5,9		6 089	5 894	6,5
Baden	10,2	27,0	1,9		750	751	0,8
Rheinland-Pfalz	401,5	409,2	28,5		25 778	26 708	29,6
Bundesgebiet	1 417,2	1 433,4	100,0		89 234	90 413	100,0

1) Jahresdurchschnitt — 2) Einschl. Bremen

Quelle: Industriebericht (Betriebe mit 10 und mehr Beschäftigten).

Schwankende Rohstoffpreise

Nach den langen Jahren der Bewirtschaftung und nach deren Aufhebung im Jahre 1948 sah sich die Schuhindustrie vor neue Marktprobleme gestellt, hauptsächlich in der Versorgung mit Roh= und Hilfsmaterialien. Die Lederversorgung verbesserte sich zwar in dem Maße, wie sich die Versorgung der ledererzeugenden Industrie mit Häuten, Fellen und Gerbstoffen aus dem Ausland nach 1948 normalisierte. Trotzdem blieb das Angebot an Leder — zumal bei steigen= der Nachfrage der verarbeitenden Industrie — vorerst knapp; die Rohhäute=Einfuhren kamen nicht so rasch herein, wie erwartet worden war. Die inländischen Häute= und Lederpreise

Lederversorgung der Schuhindustrie
im Bundesgebiet in t

	1949		1950		1951		1952		1953
	1. Halbj.	2. Halbj.	1. Halbj.	2. Halbj.	1. Halbj.	2. Halbj.	1. Halbj.	2. Halbj.	1. Halbj.
Oberleder-erzeugung	6760	8 127	7 534	9 500	8 433	7 862	8 116	9 832	9 411
+ Einfuhr-überschuß	+ 663[1])	+ 214[1])	+ 423	+ 582	+ 479	—	—	+ 46	—
— Ausfuhr-überschuß	—	—	—	—	—	− 48	− 26	—	− 69
Verfügbarkeit an Oberleder	7424	8 341	7 957	10 082	8 912	7 814	8 090	9 878	9 342
Unterleder-erzeugung[2])	12 842	17 192	15 329	18 715	17 060	15 162	14 133	14 629	13 670
+ Einfuhr-überschuß	+1253[1])	+ 108[1])	+ 624	+2 528	+1 534	+ 85	+ 199	+ 317	+ 256
Verfügbarkeit an Unterleder	14 095	17 300	15 953	21 243	18 594	15 247	14 332	14 946	13 926
Futterleder-erzeugung	890	1 244	938	1 376	1 200	1 095	1 032	1 204	1 038
+ Einfuhr-überschuß	+ 261[1])	+ 198[1])	+ 512	+ 563	+ 567	+ 452	+ 346	+ 437	+ 545
Verfügbarkeit an Futterleder	1 151	1 442	1 450	1 939	1 767	1 547	1 378	1 641	1 583

1) Ohne franz. Zone — 2) Einschl. Brandsohl- und Rahmenleder

Quelle: Industriebericht (Betriebe mit 10 und mehr Beschäftigten).
Amtliche Außenhandelsstatistik

schnellten in die Höhe. Um einer entsprechenden Verteuerung der Schuhwaren entgegenzuwir= ken, erfolgten 1949 die ersten großen amerikanischen Lederimporte im Werte von 6,7 Mill. Dollar, die in erster Linie für die Durchführung des „Jedermann=Programms" bestimmt waren. Durch diese Ledereinfuhren (5,8 Mill. qfs Rindoberleder, ca. 2 Mill. qfs Chevreau, 4,3 Mill. qfs Futterleder und 470 000 kg Unterleder) konnte eine allmähliche Senkung der hohen Leder= preise erreicht werden; sie halfen, den Engpaß Leder zu überbrücken.

In den folgenden Jahren bestand das Rohstoffproblem der Schuhindustrie nicht in erster Linie in der quantitativen Sicherstellung der Lederversorgung — die westdeutsche Lederindustrie verfügt über eine mehr als ausreichende Erzeugungskapazität — als vielmehr darin, billigere ausländische Einkaufsmöglichkeiten für Qualitätsleder auszunutzen, da den Schuhpreisen nach Deckung des dringendsten Nachholbedarfs enge Grenzen gesetzt waren. Die inländischen Häute= und Lederpreise reagierten besonders in Zeiten starker wirtschaftlicher Spannungen — Koreaboom 1950 und Absatzflaute 1951/52 — infolge der Enge des deutschen Marktes, vielfach stärker, sie entwickelten sich zeitweilig sogar entgegengesetzt den Tendenzen am Weltmarkt. Die Liberalisierung der Ledereinfuhr im Herbst 1950 und die Einfuhr billigeren ausländischen Leders führten relativ schnell zu einem Ausgleich. Doch wurde die Liberalisierung 1951 infolge Devisenmangels wieder aufgehoben. Die als Ausgleich dafür erteilten Einkaufsermächtigungen und die Teilliberalisierung der Ledereinfuhr im Sommer 1952 konnten Versorgungsengpässe in Qualitätsleder überbrücken. Sie trugen 1952/53 wesentlich dazu bei, stärkere Preisschwan= kungen auf dem deutschen Ledermarkt zu unterbinden.

Einflüsse von Saison und Mode

Die Entwicklung der Schuherzeugung seit 1948 wurde bestimmt sowohl durch strukturelle als auch durch konjunkturelle Einflüsse. Mit dem Saisoncharakter des Schuhwarenbedarfs steht der Wechsel der Schuhmode in engem Zusammenhang. Diese Besonderheiten können geradezu als Strukturelement der Schuhwirtschaft gelten. In der schnellen Anpassung an beide Faktoren liegt die Stärke einer Schuhfabrik begründet. Ungünstiges Wetter — d. h. zu kühles, regne= risches Wetter in der Frühjahrssaison, zu sonniges, warmes Wetter in der Herbstsaison — ge= fährdet den geschäftlichen Erfolg. Da die Modeschwankungen, insbesondere bei Straßen= schuhen und modischen Hausschuhen, nur einen geringen Spielraum für eine Produktion auf Lager lassen, mußte die schwache Beschäftigungszeit in zunehmendem Maße durch Kurzarbeit und Betriebsferien überbrückt werden. Ein konjunktureller Rückgang des Auftragseingangs schlägt sich ebenfalls sehr schnell in einer verringerten Produktion nieder.

Produktion ausgewählter Erzeugnisse der Schuhindustrie
im Bundesgebiet in 1000 Paar

Erzeugnis	1950		1951		1952		1953
	1. Halbj.	2. Halbj.	1. Halbj.	2. Halbj.	1. Halbj.	2. Halbj.	1. Halbj.
Lederstraßenschuhe .	21 486	24 887	26 186	22 183	25 811	26 508	28 909
Arbeitsschuhwerk u. Sportstiefel	1 238	3 099	2 169	3 276	2 021	3 894	1 827
Leicht. Straßenschuhe, Haus- u. Hilfsschuhe	12 032	17 942	12 993	13 172	11 516	18 627	15 011
Schuhe m. Holzsohlen	119	202	133	147	121	158	107
Schuhe insgesamt[1]) .	34 875	46 130	41 481	38 778	39 469	49 187	45 854
1) Ohne Gummischuhwerk							

Quelle: Industriebericht (Betriebe mit 10 und mehr Beschäftigten).

Die Produktionserfolge der Schuhindustrie bis zur Geldreform und der Aufhebung der Be= wirtschaftung 1948 mußten trotz aller Anstrengungen bescheiden bleiben. Infolge der un= zureichenden Lederversorgung war die Kapazitätsausnutzung der Schuhindustrie sehr gering. Ein großer Teil der Erzeugungsstätten war zunächst durch Kriegseinwirkungen in seiner früheren Leistungsfähigkeit stark beschnitten. Am schwersten wurde davon die deutsche Schuhmetropole Pirmasens und Umgebung betroffen, die vor dem Kriege ein Drittel der ge= samten Schuherzeugung stellte.

Die folgenden Jahre zeigten eine lebhafte Aufwärtsentwicklung im Zeichen der freien Wirtschaft, wobei allerdings die Schuhindustrie der französischen Besatzungszone noch längere Zeit durch ihre wirtschaftliche Isolierung stark behindert wurde. Das 1949 gestartete Jedermann=Schuhprogramm, das sich eine preisgünstige Versorgung der Bevölkerung mit Schuhen zum Ziel gesetzt hatte, scheiterte daran, daß die Verbraucher nach den langen Entbehrungen der vergangenen Jahre die einfachen Schuhe des Jedermann=Programms ablehnten. Die Jedermannschuhe blieben weitgehend liegen. Nachdem der dringendste Nachholbedarf 1949 gedeckt war, flachte sich im 1. Halbjahr 1950 der steigende Trend der Schuherzeugung ab. Der Absatz wurde schwieriger. Wie in allen Verbrauchsgüterindustrien vollzog sich auch in der Schuhindustrie der Wandel vom Verkäufer= zum Käufermarkt.

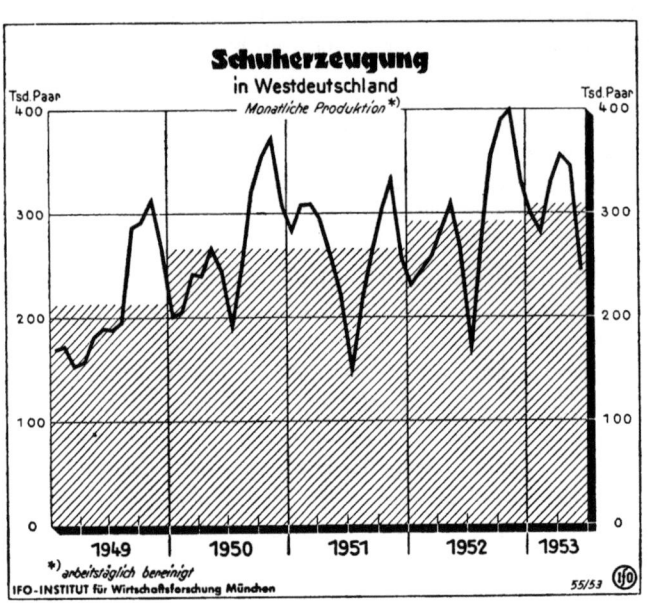

Mit Ausbruch des Koreakrieges trat die Schuhindustrie in eine neue konjunkturelle Phase. Die Angstkäufe der Verbraucher im 2. Halbjahr 1950 erstreckten sich insbesondere auch auf Schuhwaren, so daß die Schuhindustrie nicht nur das flaue Geschäft des 1. Halbjahres ausgleichen, sondern auch die Produktion bis ins 2. Halbjahr 1951 steigern konnte. Dann freilich schlug sich die Reaktion des Schuhhandels auf seine überhöhten Bestellungen in einem stark sinkenden Auftragseingang in der Schuhindustrie nieder; insbesondere die Straßenschuherzeugung mußte im 2. Halbjahr 1951 gedrosselt werden. Die Angleichung der Schuhproduktion an die veränderten Marktverhältnisse erfolgte — dem Wesen der Schuhindustrie entsprechend — sprunghaft, während sich in den anderen Verbrauchsgüterindustrien nur allmählich Kontraktionserscheinungen geltend machten. Auf der anderen Seite haben sich die Produktions= und Absatzverhältnisse der Schuhindustrie 1952 wieder frühzeitig und sehr viel schneller konsolidiert. Die Schuherzeugung zeigte im 2. Halbjahr 1952 und im Jahr 1953 einen steigenden Trend.

Produktion der Schuhindustrie
im Bundesgebiet; arbeitstäglich, 1936 = 100

Bereich	1950		1951		1952		1953
	1. Halbj.	2. Halbj.	1. Halbj.	2. Halbj.	1. Halbj.	2. Halbj.	1. Halbj.
Schuhindustrie . . .	70	86	86	77	84	94	95
Verbrauchsgüterindustrie[1])	102	124	133	131	126	146	149

1) Ohne Nahrungs- und Genußmittel

Quelle: Industriebericht (Betriebe mit 10 und mehr Beschäftigten).

Im Auf und Ab der Marktpreise Infolge des dominierenden Anteils der Rohstoffkosten besteht die Tendenz, die Schuhpreise den Bewegungen der Rohstoffpreise folgen zu lassen. Es zeigte sich jedoch, daß sich Rohstoffpreiserhöhungen bis zum fertigen Schuh wegen des scharfen Wettbewerbs nur langsam durchsetzen ließen, sich andererseits sinkende Rohstoffpreise schneller in sinkenden Fertigwarenpreisen niederschlagen. Die Schwierigkeit, den Kostenpreis als Marktpreis durchzusetzen, wird durch das weitverbreitete Gruppenpreissystem in der Schuhwirtschaft verstärkt. Der Fabrikverkaufspreis der Schuhe muß durch Zu= oder Abschläge so kalkuliert werden, daß das einzelne Schuhmodell nach einem einheitlichen Zuschlag des Einzelhandels genau den Gruppenpreis erreicht. Dieses Hineinzwängen in Preisgruppen bringt insbesondere in Zeiten steigender

Lederpreise Kalkulationsschwierigkeiten, denen vielfach nur durch Qualitätsminderungen begegnet werden kann. Schuhfabriken mit eigenen Verkaufsgeschäften, die keine Konkurrenz zu befürchten brauchen, können dagegen Veränderungen der Produktionskosten durch eine Umbesetzung der Preisgruppen ausgleichen.

Die Einflüsse, die vom Markt her einen Druck auf die Schuhpreise ausübten, konnten 1948/49 zunächst noch nicht wirksam werden, da nach Aufhebung der Bewirtschaftung der angestaute Nachholbedarf voll als Nachfrage in Erscheinung trat. Da die Schuherzeugung angesichts der Enge des deutschen Rohstoffmarktes nicht entsprechend schnell ausgeweitet werden konnte, wurden bestimmte Schuhwaren knapp; die Folge war ein überstürzter Preisauftrieb auf dem westdeutschen Leder= und Häutemarkt. Auch das Jedermann=Schuhprogramm zur billigen Schuhversorgung konnte diese Entwicklung nicht nachhaltig beeinflussen. Erst die wachsenden Rohstoffimporte führten zu einer fühlbaren Beruhigung des Marktes, die aber durch die Koreahausse bald wieder unterbrochen wurde. Die Preise der industriellen Rohstoffe und Fertigwaren stiegen sprunghaft an. Die im 2. Vierteljahr 1951 beginnende Absatzflaute im gesamten Verbrauchsgüterbereich leitete auch eine langsame Rückbildung der Schuhpreise ein, die sich bis zum 2. Halbjahr 1952 fortsetzte. Als im 2. Halbjahr 1952 die Lederpreise erneut leicht anzogen, war es für die Schuhindustrie vielfach schwierig, die Schuhpreise zu halten und die Aufträge zu den im Frühjahr und Sommer mit dem Schuhhandel vereinbarten niedrigen Festpreisen auszuliefern. Durch die Beibehaltung der stabilen Schuhpreise wurde eine Mengenkonjunktur in der Schuhindustrie eingeleitet, die es ermöglichte, das Umsatzergebnis 1952 gegenüber 1951 wertmäßig zwar nur um 1 %, mengenmäßig aber um 10,5 % zu verbessern. Diese Entwicklung hat sich auch 1953 fortgesetzt.

Schuhe als internationales Handelsgut

Schuhe sind keine eigentliche Welthandelsware, weil die Verschiedenheit der Fußformen der einzelnen Völker und Rassen den Absatz in fremde Länder erschwert. Bisher hat lediglich Bata einen erfolgreichen Versuch in dieser Richtung unternommen.

Der Krieg hat zu einer wachsenden Verwendung des Lederschuhs in der Welt beigetragen. Eine Anzahl von Ländern, die früher einen beträchtlichen Teil des Bedarfs an Lederschuhwerk durch Einfuhr deckten, hat in den Kriegs= und Nachkriegsjahren die eigene Schuhindustrie stark ausgebaut. Nach Schätzungen des US=Department of Commerce betrug die Weltproduktion an Lederschuhwerk aller Sorten, einschließlich der Sandalen und Hausschuhe, die ganz oder teilweise aus Leder gefertigt sind, im Jahre 1952 etwa 1,3 Mrd. Paar; davon entfielen allein 40 % auf die USA. Je Kopf der Bevölkerung ist die Schuhproduktion der Erde in den letzten 25 Jahren von 0,47 auf 0,60 Paar gestiegen. Innerhalb der einzelnen Gebiete bestehen aber recht erhebliche Unterschiede.

Geschätzte Weltproduktion von Lederschuhwerk

Länder	1930		1940		1949	
	Mill. Paar	Paar je Kopf	Mill. Paar	Paar je Kopf	Mill. Paar	Paar je Kopf
Nordamerika	334	2,28	444	2,40	522	2,53
Südamerika	40	0,63	52	0,57	89	0,86
Europa	457	0,96	455	0,90	471	0,97
Asien und Ozeanien	52	0,05	63	0,05	102	0,07
Afrika	13	0,09	18	0,11	25	0,23
Welt	896	0,47	1 032	0,48	1 209	0,50

Quelle: US-Department of Commerce.

In den ersten Nachkriegsjahren, als in Westdeutschland Schuhe noch knapp waren, trat die Bundesrepublik als Käufer auf dem internationalen Schuhmarkt auf, insbesondere in Belgien, Holland, England und in der Schweiz. Der Schuhimport ging jedoch nach 1950 (12,9 Mill. DM) wieder zurück, als der Koreaboom beendet war und die deutsche Schuhindustrie ihre volle Leistungsfähigkeit wieder erlangt hatte.

Der Export erreichte 1953 (Jan.—Sept.) mit 13,1 Mill. DM seinen bisher höchsten Stand. 1952 war der Schuhaußenhandel passiv, insbesondere deshalb, weil Frankreich die Liberalisierung unterbrochen hatte. Exportiert werden in erster Linie modische Spitzenqualitäten in Herren=

Außenhandel der Schuhindustrie
im Bundesgebiet in 1000 RM/DM

Vorgang	1936[1])	1949[2])	1950	1951	1952	1953 Jan.-Sept.
Einfuhr:						
Lederschuhe	1 483	7 175	12 742	6 976	8 838	6 773
Sonstige Schuhe einschließlich Schuhteile	8	30	114	250	1 361	1 105
Einfuhr insgesamt[3])	1 491	7 205	12 856	7 226	10 199	7 878
Ausfuhr:						
Lederschuhe	3 469	137	1 287	9 388	5 530	7 115
Sonstige Schuhe einschließlich Schuhteile	416	2	15	1 233	4 466	5 989
Ausfuhr insgesamt[3])	3 885	139	1 302	10 621	9 996	13 104
Einfuhr- (+) bzw. Ausfuhr- (—) Überschuß bei:						
Lederschuhen	— 1 986	+ 7 038	+ 11 455	— 2 412	+ 3 308	— 342
Sonstigen Schuhen einschl. Schuhteilen	— 408	+ 28	+ 99	— 983	— 3 105	— 4 884
Außenhandelssaldo insgesamt	— 2 394	+ 7 066	+ 11 554	— 3 395	+ 203	— 5 226

1) Reichsgebiet — 2) Ohne franz. Zone — 3) Ohne Gummischuhe

Quelle: Amtl. Außenhandelsstatistik.

und Damenschuhen, Markenschuhe und Spezialschuhe insbesondere nach Frankreich (Saargebiet und Elsaß), den nordischen Ländern und USA. Die Exportquote der Schuhindustrie ist im Vergleich zu anderen Branchen sehr gering.

Exportquoten der Schuhindustrie
im Bundesgebiet

Vorgang	Einheit	1936[1])	1949[2])	1950	1951	1952	1953 Jan.-Sept.
Inlandsumsatz	Mill.RM/DM	472,2	922,8	1 208,3	1 408,0	1 427,1	1 062,6
Auslandsumsatz	Mill.RM/DM	4,3	0,0	1,3	9,1	6,7	9,6
Exportquote[3])	Prozent	0,9	0,0	0,1	0,7	0,5	0,9

1) Bereich des Bundesgebietes — 2) Ohne franz. Zone — 3) Anteil des Auslandsumsatzes am Gesamtumsatz

Quelle: Industriebericht (Betriebe mit 10 und mehr Beschäftigten).
Statistisches Handbuch von Deutschland 1928—44.

Durch die Umstellung der Schuh- und Lederzölle ab 1. Oktober 1951 von Gewicht auf Wertzoll mit einem Zollsatz von 15 % für Arbeitsschuhe, 22 % für Lederstraßenschuhe, 18 % für Spezialsportschuhe und im wesentlichen auch für Hausschuhe, liegen diese heute niedriger als vor dem Kriege. Trotzdem haben sich die neuen Wertzölle als wirksames Mittel erwiesen, überhöhte Schuheinfuhren abzuwehren.

Zur Ertragslage Die Schuhindustrie ist eine der konjunkturempfindlichsten Industrien mit vielen Risiken. Mit dem Eintritt in die Marktwirtschaft 1948 haben die meisten Schuhfabriken ihr bis dahin weitgehend uniformiertes Erzeugungsprogramm auf modische Schuhwaren umgestellt, deren Vielgestaltigkeit das Betriebsrisiko wesentlich erhöhte. Daneben liegen besondere Wagnisse in der Technik der Schuhherstellung: Verluste aus dem Lederverschnitt, der Lagerhaltung, dem Schwund und der Güteminderung des Materials, Anlauf- und Entwicklungskosten für neue Modelle und Macharten und anderes mehr.

Zur Ertragslage der Schuhindustrie
im Bundesgebiet

Bezeich- nung der Kennziffer	Einheit	1950		1951		1952		1953
		1. Halbj.	2. Halbj.	1. Halbj.	2. Halbj.	1. Halbj.	2. Halbj.	1. Halbj.
		Monatsdurchschnitte						
Umsatz je Beschäftigt.	DM	1 108	1 341	1 358	1 309	1 265	1 367	1 257
Löhne und Gehälter je 1000 DM Umsatz	DM	175	165	158	183	184	192	195
Lohnkosten je geleist. Arbeiterstunde	DM	1,06	1,12	1,22	1,34	1,27	1,34	1,36
Produktivität je Arbeiterstunde	1936 = 100	71,5	74,5	78,7	77,3	78,5	78,0	82,5

Quelle: Berechnungen des IFO-Instituts nach dem Industriebericht (Betriebe mit 10 und mehr Beschäftigten).

Die starke Expansion und der rasche Wiederaufbau der Schuhindustrie seit der Währungsreform konnten nur zum Teil aus Abschreibungen finanziert werden. Insgesamt reichte auch hier, ebenso wie in anderen Industriezweigen, die Eigenkapitalbildung vielfach nicht aus. Auch für die Schuhindustrie führte die Regelung der Scheingewinnbesteuerung ähnlich wie in der Lederindustrie 1951 zu Substanzverlusten an Rohstofflagern. Die beiden Hauptprobleme der westdeutschen Schuhindustrie waren daher 1951 einmal eine ausreichende Kapitalbeschaffung, insbesondere zum Zwecke der Verbesserung und Erneuerung der Betriebsanlagen und der Betriebsorganisitionen, zum anderen die Hebung der Liquidität, die durch die hohen steuerlichen Belastungen in Zeiten der Konjunkturrückschläge stark angespannt war. Mit der erfreulichen Entwicklung der Umsätze im Jahre 1952 und 1953 hat sich zwar die Liquiditätslage der Schuhindustrie allgemein gebessert; einer entsprechenden Steigerung der Rentabilität wirkte jedoch vielfach die Verminderung der Spanne zwischen Leder= und Schuhpreisen – durch die Bindung der Schuhindustrie an Festpreise – entgegen.

Die Produktion der Schuhindustrie lag im 1. Halbjahr 1953 um rd. 16 % höher als in der gleichen Vorjahreszeit. Die Mehrerzeugung an Schuhen gegenüber 1952 war neben einer größeren Zahl geleisteter Arbeiterstunden insbesondere auf die Steigerung der Produktivität je Arbeiterstunde zurückzuführen. Während die Produktivität im Durchschnitt der westdeutschen Industrie im 1. Halbjahr 1953 um etwa 11 % über dem Stand von 1936 lag, hatte die Produktivität der Schuhindustrie allerdings erst 83 % des Vorkriegsstandes erreicht.

In Westdeutschland konnte sich eine so weitgehende Spezialisierung der Schuhfabriken wie in USA, die nur Herren= oder Damenschuhe in einer Lederart und unter Anwendung einer einzigen Befestigungsmethode der Sohle herstellen, nicht durchsetzen, im wesentlichen auf Grund der Mentalität der deutschen Verbraucher und der Enge des deutschen Absatzmarktes.

Straßenschuhe Die Schuherzeugung gliedert sich in drei Sparten. 1952 waren etwa 59 % der erzeugten Schuhe Straßenschuhe; 35 % entfielen auf Hilfs= und Hausschuhe und 6 % auf Arbeitsschuhe.
Der wichtigste Produktionszweig der Schuhindustrie, die Straßenschuherzeugung, umfaßt die Produktion von Damen=, Herren= und Kinderschuhwerk. Innerhalb des so gegebenen Rahmens werden die verschiedensten Artikel hergestellt. Die Unterschiede im Schuhverbrauch zwischen Erwachsenen und Kindern einerseits (bei Kindern um ein Drittel höher als bei Erwachsenen) und zwischen Frauen und Männern andererseits (bei Frauen um rd. die Hälfte höher als bei Männern) haben auch die einzelnen Zweige der Straßenschuhindustrie in ihrem Größenaufbau beeinflußt. Obwohl die pfälzische Schuhindustrie alle Arten von Qualitäts= Lederschuhen erzeugt, steht im Mittelpunkt ihres Produktionsprogramms der modische Damenschuh im Gegensatz zu früher, als sie überwiegend Stapelware herstellte. Den größten Marktanteil an der Erzeugung von Herrenstraßenschuhen hat Nordrhein=Westfalen; ferner sind

Bayern und Südwestdeutschland wichtige Erzeugerländer. Ein Großbetrieb, der größte seiner Art in Europa und zahlreiche Mittel= und Kleinbetriebe im Raum Kleve haben sich ausschließlich auf Kinder= und Jugendschuhe spezialisiert und erzeugten 1951 über 70 % der Kinderschuhe im Bundesgebiet.

Regionale Aufgliederung der Schuherzeugung 1951
im Bundesgebiet

Land	Straßenschuhe	Hilfs-, Haus- und sonstige Schuhe	Arbeitsschuhe
	Produktionsanteil in Prozent		
Schleswig-Holstein	1,1	1,7	1,9
Hamburg	0,1	0,2	0,4
Niedersachsen	2,3	4,9	5,5
Nordrhein-Westfalen	16,6	25,5	40,2
Hessen	7,3	19,0	9,5
Bayern	11,0	21,7	14,2
Württemberg-Baden	23,3	20,1	7,2
Württemberg-Hohenzollern .	5,4	2,6	11,4
Baden	0,2	1,7	3,3
Rheinland-Pfalz	32,7	2,6	6,4
Bundesgebiet	100,0	100,0	100,0

Quelle: *Verband der Deutschen Schuhindustrie.*

Eines der wichtigsten Elemente der Straßenschuhindustrie ist die Schuhmode mit ihren Wandlungen. Auf der Ebene der modischen Ausgestaltung der Schuhwaren wird heute der harte Konkurrenzkampf in der Schuhindustrie hauptsächlich ausgetragen. Insbesondere bei modischem Damenschuhwerk, aber auch in wachsendem Maße bei Herrenstraßenschuhen verursachen die häufigen Modewandlungen erhöhte Kosten für die Vorbereitung der Kollektionen in bezug auf Muster, stets wechselnde Ausstattung, Leistenform, Farbkombinationen u. a. und bedingen so eine wesentliche Verteuerung der Schuhwaren. Um allzu extremen Auswirkungen der Schuhmode in dieser Hinsicht entgegenzuwirken, wurde 1949 der Mode=Ausschuß der deutschen Schuhindustrie wieder ins Leben gerufen, der schon 1924/25 bestanden hatte. Das vorgesehene Schuhmode=Institut soll sowohl der Mode= als auch der Absatzlenkung dienen.

Arbeitsschuhe   Relativ selten ist eine Kombination der Erzeugung von Straßen= und Arbeitsschuhen anzutreffen. Die Standortwahl wie auch die Produktionsentwicklung bei Arbeits= und Berufsschuhwerk werden fast ausschließlich vom Absatzmarkt bestimmt. Aus der Nähe des Ruhrreviers als Hauptabnehmer konnte sich im Raume zwischen Aachen und Geldern das bedeutendste Erzeugungsgebiet von Arbeitsschuhen entwickeln. Da zwei der wichtigsten Abnehmerbereiche für Arbeitsschuhwerk, das Baugewerbe und die Landwirtschaft, ausgesprochen saisongebunden sind, zeigt auch der Umsatz an Arbeitsschuhen einen Saisonrhythmus, der in der Fertigung, da es sich um Stapelware handelt, durch Lagerproduktion ausgeglichen werden kann. Die Arbeitsschuherzeugung war — im Gegensatz zu den übrigen Sparten der Schuhherstellung — in den Kriegs= und Nachkriegsjahren kräftig ausgeweitet worden und fiel von 6,2 Mill. Paar 1948 auf 4,2 Mill. Paar 1950 zurück. Wenn sie sich in den folgenden Jahren wieder erholen konnte (auf 5,4 Mill. Paar 1951 bzw. 5,9 Mill. Paar 1952), so ist zu berücksichtigen, daß in den Produktionszahlen für Arbeitsschuhe auch Sportschuhe enthalten sind, deren Absatzentwicklung wesentlich günstiger war. Im übrigen übte die strukturell rückläufige Nachfrage einen spürbaren Preisdruck auf Arbeitsschuhe aus. In den letzten Jahren trat auch die Konkurrenz des Gummischuhwerks mehr und mehr in Erscheinung.

Hausschuhe   Die heutige Hausschuhindustrie ist zwischen den beiden Weltkriegen allgemein über den
und sonstige Schuhe   Rahmen reiner Hausschuhe erzeugender Betriebe hinausgewachsen. Die Produktion ist jetzt außerordentlich vielgestaltig und umfaßt Hausschuhe, Straßenschuhe, Straßenhilfsschuhe, Sandalen, Sport= und Turnschuhe. Da die stark ausgeprägten Saisonschwankungen der einzelnen Artikel nicht auf die gleiche Jahreszeit fallen, kann durch horizontale Kombinationen (Februar bis Mai: hauptsächlich Turnschuhe, Sandalen und leichte Straßen= und Hausschuhe;

Die wichtigsten Zahlen aus der Schuhindustrie

Gegenstand		Einheit	Jan.	Febr.	März	April	Mai	Juni	Juli	Aug.	Sept.	Okt.	Nov.	Dez.	Jahr MD	Summe
Produktion																
Insgesamt arbeitstäglich	1950	1936 = 100	60	65	76	72	79	71	54	74	93	101	106	90	78	—
	1951	1936 = 100	89	97	96	88	80	66	44	66	82	92	101	78	82	—
	1952	1936 = 100	73	79	84	92	98	80	52	83	103	110	115	100	89	—
	1953	1936 = 100	89	94	105	109	99	70	69	92	109p	109p	.	.	.	—
Lederstraßenschuhe für Herren	1951	1000 Paar	←	3981	→	←	3277	→	←	2902	→	←	3614	→	1148	13774
	1952	1000 Paar	←	3312	→	←	3183	→	←	3124	→	←	3754	→	1114	13373
	1953	1000 Paar	←	4103	→	←	3590	→	←	.	→	←	.	→	.	—
Lederstraßenschuhe für Damen[1]	1951	1000 Paar	←	7955	→	←	7156	→	←	5023	→	←	6801	→	2245	26935
	1952	1000 Paar	←	6977	→	←	8119	→	←	6376	→	←	8614	→	2572	30086
	1953	1000 Paar	←	8314	→	←	7657	→	←	.	→	←	.	→	.	.
Kinderstraßenschuhe bis Größe 35 einschl.	1951	1000 Paar	←	2156	→	←	1456	→	←	1610	→	←	2233	→	621	7455
	1952	1000 Paar	←	2038	→	←	2181	→	←	2121	→	←	2519	→	738	8859
	1953	1000 Paar	←	2545	→	←	1993	→	←	.	→	←	.	→	.	.
Arbeitsschuhwerk	1951	1000 Paar	←	1122	→	←	687	→	←	953	→	←	1232	→	333	3994
	1952	1000 Paar	←	993	→	←	668	→	←	1202	→	←	1276	→	345	4139
	1953	1000 Paar	←	851	→	←	574	→	←	.	→	←	.	→	.	.
Sportstiefel	1951	1000 Paar	←	216	→	←	123	→	←	280	→	←	811	→	119	1430
	1952	1000 Paar	←	211	→	←	149	→	←	467	→	←	949	→	148	1776
	1953	1000 Paar	←	229	→	←	174	→	←	.	→	←	.	→	.	.
Sandalen und futterlose Sandaletten mit Lederoberteil	1951	1000 Paar	←	2068	→	←	2554	→	←	363	→	←	199	→	432	5184
	1952	1000 Paar	←	1032	→	←	2455	→	←	540	→	←	305	→	361	4332
	1953	1000 Paar	←	2175	→	←	2785	→	←	.	→	←	.	→	.	.
Hausschuhe mit Textiloberteil	1951	1000 Paar	←	2554	→	←	1474	→	←	3255	→	←	6086	→	1114	13369
	1952	1000 Paar	←	1807	→	←	1349	→	←	4840	→	←	8469	→	1372	16465
	1953	1000 Paar	←	2460	→	←	2367	→	←	.	→	←	.	→	.	.
Umsatz Insgesamt	1950	Mill. DM	66,1	71,1	103,1	89,7	97,7	91,4	70,7	94,5	128,3	140,4	139,9	116,8	100,8	1209,7
	1951	Mill. DM	122,1	135,5	142,0	129,4	110,4	97,7	60,3	90,1	114,6	144,4	150,0	120,3	106,8	1282,0
	1952	Mill. DM	96,7	98,3	118,1	121,5	131,7	97,0	72,7	105,0	138,4	160,3	155,5	138,0	119,4	1433,2
	1953	Mill. DM	110,6	109,9	147,1	134,4	122,6	89,2	79,0	124,6	154,8	163,0	.	.	.	.
Auslandsumsatz	1950	Mill. DM	0,0	—	—	0,0	0,1	0,0	0,0	0,1	0,0	0,7	0,3	0,1	0,1	1,3
	1951	Mill. DM	0,7	0,7	0,7	0,5	0,3	0,3	0,2	2,8	0,8	0,7	0,8	0,6	0,8	9,1
	1952	Mill. DM	0,5	0,7	0,6	0,5	0,2	0,3	0,4	0,5	0,7	0,9	0,8	0,5	0,6	6,6
	1953	Mill. DM	0,6	0,8	1,2	0,9	0,8	1,0	0,9	1,6	1,8	1,7	.	.	.	.
Exportquote	1950	vH	0,0	—	—	0,0	0,1	0,0	0,0	0,1	0,0	0,5	0,2	0,1	0,1	—
	1951	vH	0,5	0,5	0,5	0,4	0,2	0,3	0,4	3,1	0,7	0,5	0,5	0,5	0,7	—
	1952	vH	0,5	0,7	0,5	0,4	0,2	0,3	0,6	0,4	0,5	0,6	0,5	0,3	0,5	—
	1953	vH	0,5	0,7	0,8	0,7	0,6	1,1	1,2	1,3	1,1	1,1	.	.	.	—
Außenhandel																
Einfuhr von Lederschuhen	1950	1000 DM	812	799	1277	966	792	802	411	913	1034	1521	1699	1716	1062	12742
	1951	1000 DM	561	1094	1007	773	599	351	194	202	790	365	465	545	579	6946
	1952	1000 DM	596	513	955	849	1028	467	222	443	773	1590	1048	729	768	9213
	1953	1000 DM	364	709	1050	902	819	469	500	932	1004	1540	.	.	.	.
Ausfuhr von Lederschuhen	1950	1000 DM	—	—	3	52	52	85	74	45	194	390	221	170	107	1286
	1951	1000 DM	476	617	612	769	815	1072	1382	996	464	711	778	503	766	9195
	1952	1000 DM	280	373	691	205	388	88	254	252	690	714	566	584	424	5085
	1953	1000 DM	316	824	925	630	729	471	809	987	1202	1339	.	.	.	.
Beschäftigung und Löhne																
Beschäftigte	1950	1000	78,6	78,0	78,0	78,3	78,1	77,8	78,8	82,6	85,1	87,8	89,0	88,0	81,7	—
	1951	1000	91,8	92,4	92,0	91,0	88,4	85,8	84,1	84,6	86,0	87,6	88,4	86,6	88,2	—
	1952	1000	85,8	87,2	87,4	87,9	88,2	87,7	88,2	88,7	91,1	94,1	95,5	95,8	90,3	—
	1953	1000	94,2	94,6	95,0	95,3	94,7	93,6	93,9	96,1	79,2	97,7	.	.	.	—
Löhne und Gehälter	1950	Mill. DM	13,9	13,0	15,2	14,2	15,8	15,8	15,2	16,9	17,4	19,1	20,5	19,0	16,3	196,0
	1951	Mill. DM	18,1	18,9	20,1	19,4	19,8	16,8	16,1	18,5	18,4	21,2	21,3	19,6	19,1	229,1
	1952	Mill. DM	19,5	19,0	19,7	20,7	21,4	19,4	20,1	21,0	22,5	25,2	24,1	25,4	21,5	258,0
	1953	Mill. DM	21,9	21,5	23,5	24,3	22,5	21,1	23,0	23,2	24,9	.	.	.	.	.
Ertragslage																
Umsatz je Beschäftigten	1950	DM	840	912	1321	1146	1251	1175	897	1144	1507	1600	1572	1327	1224	—
	1951	DM	1330	1466	1543	1422	1249	1138	717	1065	1332	1653	1696	1389	1334	—
	1952	DM	1127	1127	1351	1383	1494	1106	825	1152	1471	1678	1623	1452	1316	—
	1953	DM	1174	1161	1548	1411	1295	953	841	1297	1593	1669	.	.	.	—
Löhne und Gehälter je 1000 DM Umsatz	1950	DM	214	186	150	161	164	175	218	181	137	138	149	165	170	—
	1951	DM	165	141	147	152	173	172	272	209	162	148	143	163	171	—
	1952	DM	203	196	170	171	164	200	278	203	165	157	155	188	188	—
	1953	DM	201	199	163	183	186	239	295	189	164	.	.	.	.	—
Lohnkosten je geleistete Arbeiterstunde	1950	DM	1,03	1,01	1,02	1,05	1,08	1,16	1,27	1,04	1,02	1,10	1,13	1,17	1,09	—
	1951	DM	1,13	1,12	1,16	1,21	1,31	1,32	1,65	1,33	1,22	1,23	1,25	1,33	1,27	—
	1952	DM	1,26	1,22	1,22	1,28	1,27	1,39	1,65	1,26	1,22	1,23	1,29	1,38	1,31	—
	1953	DM	1,29	1,28	1,27	1,36	1,37	1,58	1,54	1,35	2,29	1,29	.	.	.	—
Produktivität je Arbeiterstunde	1950	1936 = 100	←	71	→	←	72	→	←	71	→	←	78	→	73	—
	1951	1936 = 100	←	78	→	←	79	→	←	75	→	←	80	→	78	—
	1952	1936 = 100	←	76	→	←	81	→	←	75	→	←	81	→	78	—
	1953	1936 = 100	←	81	→	←	81	→	←	79p	→	←	.	→	.	—
Preise Schuhe insgesamt (Erzeugerpreise)	1950	1938 = 100	226	223	221	218	216	214	211	213	225	230	234	238	222	—
	1951	1938 = 100	247	259	260	263	260	256	252	250	246	246	246	245	253	—
	1952	1938 = 100	243	242	239	236	234	230	224	224	225	226	228	227	232	—
	1953	1938 = 100	228	228	228	228	228	228	228	229	227	227	.	.	.	—
Einzelhandel																
Wareneingang	1950	1949 = 100	59	75	120	105	118	92	64	100	148	160	152	131	110	—
	1951	1949 = 100	129	135	135	134	118	88	37	77	114	142	140	107	113	—
	1952	1949 = 100	75	95	120	117	123	74	51	102	143	155	146	137	112	—
	1953	1949 = 100	98	115	142	123	110	84	70	122	149	157	.	.	.	—
Warenabsatz	1950	1949 = 100	69	73	98	114	150	117	123	116	148	113	119	232	123	—
	1951	1949 = 100	121	91	113	98	126	118	105	98	93	120	120	216	118	—
	1952	1949 = 100	94	85	102	148	156	104	134	97	99	135	157	250	130	—
	1953	1949 = 100	93	80	130	136	163	116	134	104	105	140	.	.	.	—

[1] Einschl. gefütterte Sandaletten auch nach Kalifornia-Machart.

August bis Dezember: warmes Winterschuhwerk) ein gewisser Ausgleich im Produktionsablauf erzielt werden. Andererseits bringt die Aufteilung in Leder= und Stoffschuhe, neben dem hier besonders wichtigen Problem der Lagerhaltung und Finanzierung der jeweiligen Saisonware, eine Ausdehnung des Rohstoffpreisrisikos mit sich.

Die Schwerpunkte der Hausschuherzeugung, die vor dem Kriege mit fast 50 % in Sachsen konzentriert waren, liegen heute in der Bundesrepublik in den Ländern Nordrhein=Westfalen, Bayern und Württemberg=Baden. Der wichtigste Zweig der eigentlichen Hausschuhindustrie ist die Erzeugung von Kamelhaarschuhen. Die Bezeichnung Kamelhaarschuh ist von einem ur= sprünglichen Qualitätsbegriff zu einem Gattungsbegriff geworden. Da Kamelhaarschuhe als Massenware das billigste Hausschuhwerk sind, mußte die Verteuerung der textilen Rohstoffe während der Koreahausse hier zwangsläufig zu einem Umsatzrückgang führen. Die Betriebe waren daher im Verlauf der Jahre 1951 und 1952 gezwungen, einschneidende Preissenkungen ohne Rücksicht auf die gestiegenen Rohstoffkosten vorzunehmen, um das Geschäft zu beleben. Wie die Erfahrungen der Wintersaison 1952/53 gezeigt haben, wird der Kamelhaarschuh als Stapelware neben dem modischen Hausschuh, der immer größeren Anklang beim Verbraucher findet, durchaus bestehen können, wenn er zu einem niedrigen Preis auf den Markt gebracht wird.

Der Schuhgroßhandel vor neuen Aufgaben

Die modische Differenzierung des Schuhangebots in den Nachkriegsjahren bedeutet für den Schuhgroßhandel eine beachtliche Beeinträchtigung seines Geschäfts. Für den Großhandel ist bekanntlich in allen Branchen die Bereithaltung eines großen, gut sortierten Lagers die Grund= voraussetzung für eine erfolgreiche Tätigkeit; ohne ein ausreichendes Lager sinkt der Groß= händler zum Vermittler oder Provisionsvertreter herab. Die starke Differenzierung der Farb= töne und Schuhmacharten hätten den Schuhgroßhandel zu einer Lagerhaltung gezwungen, die über den Vorkriegsstand weit hinausgegangen wäre. Da nun der Schuhgroßhandel — ähnlich wie die meisten anderen Großhandelsbranchen — sich wegen des guten Transportanschlusses größtenteils in Bahnhofsnähe niedergelassen hatte, waren seine Luftkriegsverluste besonders groß. Nur mit äußerster Anstrengung — verbilligte Kredite standen den beiden Handelsstufen ja bekanntlich nicht zur Verfügung — konnte der Schuhgroßhandel seine Vorkriegslager= bestände wieder annähernd erreichen. Dagegen waren für einen Lagerausbau, wie ihn die Farb= und Typen=Nuancierungen der Industrie und die Verbraucherwünsche der Jahre 1948/49 erfordert hätten, weder Raum noch Kapital vorhanden.

Hinzu kam, daß der Schuheinzelhandel, der schon vor dem Kriege einen erheblichen Teil seiner Waren direkt von den Schuhfabriken bezog, in den Jahren 1945 bis 1948 den Direktbezug von den Herstellern ausbaute. Da dieser sich meistens nur für Mittel= und Großbetriebe lohnt, ver= stärkte sich im Schuheinzelhandel die Tendenz zur Bildung von Einkaufsvereinigungen. Diese haben zwar ebenfalls schon vor dem zweiten Weltkrieg bestanden, konnten aber durch den oben geschilderten Zug zum Direkteinkauf ihren Wiederaufbau nach dem Kriege recht schnell durchführen und eine Bedeutung erlangen, die über das Vorkriegsausmaß hinausging und zur Zeit größer ist als in allen anderen Branchen. Eine weitere starke Konkurrenz für den Schuh= großhandel sind die Fabrikfilialen der Schuhindustrie. In keiner anderen Wirtschaftsgruppe hat der Fabrikvertrieb eine derartige Bedeutung erlangt wie auf dem Schuhsektor. Nach den Schätzungen des IFO=Instituts werden etwa 15 % des gesamten Schuh=Einzelhandelsumsatzes von Fabrikfilialen (Salamander, Conrad Tack usw.) getätigt. Der Schuhgroßhandel steht infolgedessen in der Großhandelsstufe im schärfsten Wettbewerb zum Direktbezug und den Einkaufsvereinigungen, wobei er zusätzlich noch durch die geschilderte Farbnuancen= und Typenausweitung beeinträchtigt wird. Der Schuhgroßhandel hat sich dadurch in der Nach= kriegszeit vielfach auf den Vertrieb von Stapelartikeln (Arbeitsschuhe, Hausschuhe, gängige Typen von Straßenschuhen usw.) beschränkt. Der größte Teil der modischen Typen wird im Direktbezug eingekauft.

Im Rahmen der geschilderten Entwicklung ging die Zahl der Schuhgroßhandelsbetriebe von rund 470 Firmen im Jahre 1933 (Reichsgebiet) auf rund 320 Betriebe im Jahre 1950 (Bundes= gebiet) zurück; damit nahm die Zahl der Schuhgroßhandelsfirmen viel stärker ab als die Be= triebszahl in den übrigen Branchen — im Zuge der Gebietsverkleinerung — zurückgegangen ist. Die Zahl der im Schuhgroßhandel Beschäftigten fiel von rd. 3200 Personen im Jahre 1933 auf etwas über 2000 Beschäftigte im Jahre 1950. Der Anteil des Schuhgroßhandels am gesamten Großhandel ermäßigte sich der Betriebszahl nach von 0,3 % im Jahre 1933 auf 0,2 % im Jahre 1950; der Zahl der Beschäftigten nach ging der Anteil von 0,5 im Jahre 1933 auf 0,3 im Jahre 1950 zurück.

In der neuesten Zeit hat der Schuhgroßhandel, dessen Situation weitgehend von der Umsatzentwicklung im Schuheinzelhandel und bei den größeren Schuhmacherbetrieben abhängig ist, sämtliche Schwankungen der Schuhkonjunktur mitgemacht. Auf eine nur mäßige Umsatzsteigerung während der Koreahausse folgte im 1. Halbjahr 1951 ein anhaltender Umsatzrückgang während der Nachkoreabaisse. Erst ab September 1951 belebte sich die Umsatztätigkeit etwas und stieg im Frühjahr 1952 weiter saisonüblich an. Im 2. Halbjahr 1952 machte sich dann die damals einsetzende Sonderkonjunktur für Verbrauchsgüter (Textilien, Bekleidung, Schuhe) günstig bemerkbar. Auch im Jahre 1953 verlief die Absatzentwicklung weiterhin günstig.

Der Lagerausbau dürfte im großen und ganzen im Sommer 1951 beendet gewesen sein; seitdem sind nur die üblichen jahreszeitlichen Schwankungen festzustellen. Ein= und Verkaufspreise des Schuhgroßhandels stiegen im Rahmen der Korea=Preishausse bis April 1951 an. Seitdem sind Ein= und Verkaufspreise — von unwesentlichen Schwankungen abgesehen — laufend zurückgegangen bzw. stabil. Die Außenstände des Schuhgroßhandels haben sich in den letzten 2½ Jahren laufend erhöht, jedoch hat diese Entwicklung nichts Beunruhigendes an sich, sondern dürfte nur die Wiederherstellung der Vorkriegssituation — weitgehende Kreditbereitstellung für Schuheinzelhandel und Schuhmacherhandwerk — darstellen.

Für die Zukunft ist damit zu rechnen, daß der Schuhgroßhandel keine weiteren Einbußen mehr erleiden, sondern eher wieder etwas aufholen wird. Der Höhepunkt der Typen=, Modell= und Farbnuancenausweitung ist zweifellos überschritten. Da der Anteil der gängigsten Typen am Gesamtumsatz wieder ansteigt, ist auch damit zu rechnen, daß der private Schuhgroßhandel wieder besser ins Geschäft kommen und einen Teil des verlorenen Terrains zurückgewinnen wird.

Die Bedeutung des Schuheinzelhandels

Der Schuheinzelhandel hat nicht die Bedeutung wie der Einzelhandel mit Lebensmitteln und Textilien. Er gehört jedoch zu der Gruppe mittelgroßer Branchen, die einen Anteil von je etwa 5 % am Gesamtumsatz des Einzelhandels haben. Der Schuheinzelhandel hat im Gegensatz zu den meisten anderen Branchen ein klar abgegrenztes Sortiment und ist der Abnehmer einer einzigen Industriegruppe. Seine Bedeutung für die vorgeschalteten Großhandels= und Produktionsstufen ist groß. Es hängt weitgehend von ihm und seiner Geschicklichkeit ab, ob der Schuhgroßhandel floriert, die Schuhindustrie ohne große Schwankungen arbeiten kann, der Ledergroßhandel Umsätze tätigen, die Lederindustrie produzieren und der Häute= und Fellgroßhandel auf lange Sicht disponieren und importieren kann.

In der Vorkriegszeit gab es im Reichsgebiet etwa 11 300 Schuheinzelhandelsbetriebe mit rund 50 000 Beschäftigten (Ergebnisse der Arbeitsstättenzählung von 1939). Die Umsätze im Schuheinzelhandel erhöhten sich in den Jahren steigender Konjunktur von rd. 800 Mill. RM (1924) auf etwa 1200 Mill. RM (1928/29); in der Depression gingen sie unter die 900=Mill.=RM=Grenze zurück (1931). Diese Bewegung verlief in voller Übereinstimmung mit der Umsatzentwicklung des gesamten Einzelhandels, so daß der Umsatzanteil der Schuhbranche mit großer Regelmäßigkeit etwa 3,3 % am Gesamtumsatz ausmachte. In der Nachkriegszeit war dieser Prozentsatz infolge des großen Nachholbedarfs höher: er betrug 1950 über 5 % und hat auch 1952 noch etwas mehr als 4 % ausgemacht. In absoluten Werten stiegen die Umsätze des Schuheinzelhandels nach Schätzungen des IFO=Instituts von etwa 1,5 Mrd. im Jahre 1949 auf rund 1,8 Mrd. im Jahre 1950. Im Jahre 1951 wurde etwas weniger abgesetzt; 1952 wurde aber der Warenabsatz des Jahres 1950 wieder erreicht.

Innerhalb der einzelnen Jahre verlief die Umsatzentwicklung des Schuhhandels nicht so ruhig, wie es bei der Betrachtung der Quartals= oder Jahresergebnisse den Anschein hat. So brachten insbesondere die beiden Koreakaufwellen den Schuhhandel in große Schwierigkeiten. In den Monaten der Hausse war es nicht immer möglich, die notwendigen Waren herbeizuschaffen, in den Baisse=Monaten dagegen schwierig, die manchmal zu großzügig abgegebenen Dispositionen wieder zu stoppen und die Liquidität aufrechtzuerhalten. Schaltet man die bekannten Saisonbewegungen aus, so ergab sich für die Monate von Anfang 1949 bis Mitte 1950 (Ausbruch des Koreakonflikts) eine relativ ruhige Umsatzsteigerung, wobei die saisonbereinigten Indices sich von etwa 90 % (MD 1949 = 100) bis auf knapp 120 % erhöhten. In der ersten Koreakaufwelle stieg der saisonbereinigte Umsatzindex bis 165 % (September 1950) an, schlug im Oktober stark zurück (104 %) und erreichte im Dezember und Januar wieder 155 %. In der darauf folgenden Absatzflaute 1951 gingen die Umsätze bis auf das 1949er Durchschnittsniveau zurück. 1952 wurde nach einem durchschnittlichen 1. Quartal eine Schuh=Teilkonjunk=

tur im April und Mai beobachtet. Im 2. Halbjahr 1952 verlief die Entwicklung ruhiger; die saisonbereinigten Umsätze lagen im Durchschnitt um etwa ein Fünftel über der 1949er Ausgangsbasis.

Schuheinzelhandel im Bundesgebiet

Zeit	Schuheinzelhandel		Einzelhandel mit industriellen Konsumgütern (ohne Nahrungs- und Genußmittel)	
	Umsatz	Wareneingang	Umsatz	Wareneingang
	Monatsdurchschnitt 1949 = 100			
1950	123	110	118	115
1951 Jahr	118	112	135	128
1. Quartal . . .	108	130	126	136
2. Quartal . . .	114	113	130	116
3. Quartal . . .	99	76	114	108
4. Quartal . . .	152	130	169	152
1952 Jahr	130	112	135	121
1. Quartal . . .	94	97	114	111
2. Quartal . . .	136	105	129	111
3. Quartal . . .	110	99	125	116
4. Quartal . . .	181	146	173	148
1953 Jahr				
1. Quartal . . .	101	118	117	113
2. Quartal . . .	138	106	131	111
3. Quartal . . .	114	114	129	123

Quelle: Institut für Handelsforschung, Köln

Diese bewegte Umsatzentwicklung wirkte sich selbstverständlich in der Bestelltätigkeit und im Wareneingang des Schuhhandels stark aus: So ging z. B. der Wareneingang des Schuheinzelhandels im Tiefpunkt der Baisse (Juli 1951) auf ein Drittel des 1949er Durchschnitts zurück! Keine andere Einzelhandelsbranche hat in der Nachkoreabaisse den Einkaufsstop so konsequent durchgeführt.

Die Lager des Schuhhandels hatten in der Vorkriegszeit während des konjunkturellen Höchststandes (1928) rund 690 Mill. RM betragen; während der Depression waren sie auf etwa 520 Mill. RM (1931) zurückgegangen. Im Jahre 1948 mußte der Schuheinzelhandel mit sehr geringen Beständen anfangen. Seine Lager erhöhten sich von etwa 70 Mill. DM am Jahresende 1948 auf etwa 450 Mill. DM Ende November 1951. In den folgenden Monaten trat ein leichter Lagerabbau ein. Bis Ende 1952 wurden die Lager allerdings wieder auf das entsprechende Vorjahresniveau aufgefüllt.

Die Verkaufspreise des Schuheinzelhandels entwickelten sich in tendenzieller Übereinstimmung mit den Verkaufspreisen der Schuhindustrie. Der Index der Schuheinzelhandels-Verkaufspreise stieg mit der Freigabe der Preise nach der Währungsreform von 170 % (1938 = 100) infolge des hohen Nachholbedarfs auf 260 % im Dezember 1948. Bei sinkender Nachfrage ging der Preisindex dann auf 193 % (Mitte 1950) zurück. Infolge der koreabedingten Rohstoffpreiserhöhungen und der erhöhten Industrieverkaufspreise stiegen dann die Einzelhandels-Verkaufspreise wieder auf 231 % (Frühjahr 1951) an, um in den folgenden Monaten langsam wieder bis auf 209 % (Oktober 1952) nachzugeben.

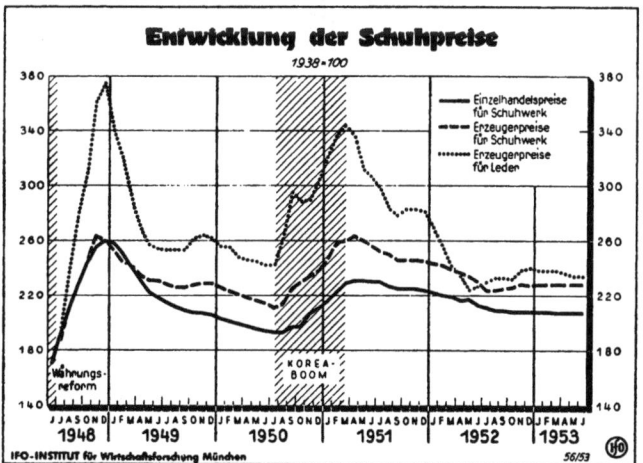

Die Handlungskosten des Schuheinzelhandels, die 1950 noch bei 18 % vom Umsatz lagen, haben sich im Jahre 1952 auf 22,7 % vom Umsatz erhöht.

Kreditverkäufe und Außenstände des Schuhhandels nahmen im Trend bis Mitte 1952 zu. Seitdem ist eine gewisse Abschwächung zu bemerken.

Kreditverkäufe und Außenstände des Schuheinzelhandels im Bundesgebiet

Zeit	Kreditverkäufe		Außenstände	
	Mill. DM	Prozent vom Umsatz	Mill. DM	Prozent vom Umsatz
1950 März	4,1	3,2	13,6	11,1
Juni	4,8	3,4	8,6	5,9
September	6,6	3,9	21,5	6,2
Dezember	8,6	3,1	11,0	3,8
1951 März	6,9	4,9	9,2	6,5
Juni	6,7	4,5	10,3	7,0
September	5,6	4,8	13,7	11,8
Dezember	11,8	4,4	11,6	4,3
1952 März	6,4	5,0	12,7	10,0
Juni	6,3	5,1	13,7	11,1
September	5,1	4,1	8,9	7,2
Dezember	11,6	3,7	15,0	4,8
1953 März	6,7	4,1	17,5	10,8
Juni	5,9	4,1	9,8	6,8
September	4,2	3,2	8,5	6,5

Quelle: Prozentsätze: *Institut für Handelsforschung, Köln*
Absolute Werte: *Ifo-Institut für Wirtschaftsforschung, München*

Infolge des hohen Kostenanteils und der relativ niedrigen Handelsspanne war die Reingewinnspanne des Schuheinzelhandels im Gesamtdurchschnitt der Branche Ende 1952 verhältnismäßig niedrig (abgesehen von größeren Spezialgeschäften in den Innenstädten, die ihre Ertragslage beachtlich verbessern konnten). Sie ist vermutlich in keinem Jahr — abgesehen vom 2. Halbjahr 1948 — an die Vorkriegsspanne herangekommen. Gewisse Aussichten auf eine Verbesserung der Situation bestehen jedoch. Mit weiterer Normalisierung der Absatzentwicklung (Fortfall der Umsatzstöße und =flauten) und fortschreitender Rationalisierung werden die Kosten gesenkt werden können. Falls sich der Wettbewerb nicht weiter verschärft und die Handelsspannen in der bisherigen Höhe durchgehalten werden können, wird sich die Ertragslage den Vorkriegsverhältnissen nähern.

Ausblick Mit der Normalisierung des Schuhmarktes 1952/53 kommt den zukünftigen Absatzmöglichkeiten für Schuhe erhöhte Aufmerksamkeit zu. In der Tatsache, daß der deutsche Pro=Kopf= Verbrauch an Schuhen insgesamt auch 1953 noch unter dem Stand von 1936 liegen wird, ist eine Absatzreserve zu erblicken, die durch geeignete Maßnahmen aktiviert werden muß. Mit der Zunahme der Realeinkommen durch Lastenausgleichszahlungen, Steuersenkungen, Eingliederung der Flüchtlinge in den Arbeitsprozeß usw. hat der Absatz neue Impulse erhalten, die auch in Zukunft noch wirksam sind. Eine wichtige Voraussetzung hierfür sind stabile Schuhpreise.

Die Aussichten für eine weiterhin stetige Preistendenz auf dem westdeutschen Ledermarkt sind günstig zu beurteilen. Angebot und Nachfrage auf den Häuteweltmärkten haben sich weitgehend angeglichen, so daß auch die Ursprungsländer heute über keine größeren Rohwaren= bestände mehr verfügen. Der Häutemarkt hat sich weitgehend von spekulativen Einwirkungen freigemacht. Allerdings bleibt die Stabilität der Lederpreise angesichts der Anfälligkeit des inländischen Häutemarktes gefährdet. Andererseits besteht jedoch für die Schuhindustrie die Möglichkeit, durch Einfuhr liberalisierter Schuhleder einen gewissen Preisausgleich herbeizuführen.

Auf Grund der fast in allen Ländern aufgebauten und erweiterten Erzeugungskapazitäten dürfte der Welthandel in Schuhwaren schrumpfen, obwohl der Weltverbrauch an Schuhen insbesondere in den überseeischen Ländern zunehmen wird.

GUMMI UND ASBEST

RÜCKBLICK — STAND — AUSBLICK

Vom IFO-Institut für Wirtschaftsforschung, München.

Abgeschlossen Dezember 1953

I. GESAMTÜBERBLICK

Entwicklung und Bedeutung

Das Wechselspiel zwischen dem technischen Fortschritt einerseits und der Steigerung menschlicher Bedürfnisse andererseits hat im Verlaufe der beiden letzten Jahrhunderte neben einer Reihe bis dahin völlig vernachlässigter Rohstoffe auch den Kautschuk und den Asbest in den Vordergrund des wirtschaftlichen Interesses gerückt. Zwar war im Jahre 1936 die Kautschuk- und Asbestverarbeitung mit 490 Mill. RM erst mit einem Anteil von knapp 1 % am industriellen Gesamtumsatz Deutschlands beteiligt. Nach dem 2. Weltkrieg hat sie jedoch ihre Stellung innerhalb der Gesamtindustrie weiter ausbauen können. Aber ihre volkswirtschaftliche Bedeutung liegt weniger in ihrer absoluten Größe als darin, daß sie andere Wirtschaftszweige mit unentbehrlichen Zubehörteilen und Fertigwaren beliefert.

Die Stellung der Gummi- und Asbestindustrie im Rahmen der deutschen Industrie

Bereich	Einheit	1936 Reichsgebiet			1952 Bundesgebiet		
		Gummi- und Asbestindustrie	Gesamte Industrie[1]	Anteil d. Gummi und Asbestindustrie an der gesamten Industrie in Proz.	Gummi- und Asbestindustrie	Gesamte Industrie[1]	Anteil d. Gummi und Asbestindustrie an der gesamten Industrie in Proz.
Beschäftigte[2] ..	1000 Pers.	57	6 566	0,9	63	5 504	1,1
Löhne u. Gehälter	Mill.RM/DM	118	11 644	1,0	260	21 480	1,2
Umsatz insgesamt	"	490	53 366	0,9	1 630	119 074	1,4
Auslandsumsatz	"	40	4 575	0,9	107	13 707	0,8

1) Ohne Bauwirtschaft, Elektrizitäts- und Gasversorgung. — 2) Ende Juni

Quelle: Die Deutsche Industrie, Gesamtergebnisse der amtlichen Produktionsstatistik 1936; Industriebericht (Betriebe mit 10 und mehr Beschäftigten).

Der Anteil der Gummi- und Asbestindustrie am industriellen Gesamtumsatz ist von 0,9 % im Jahre 1936 im Reichsgebiet auf 1,4 % im Jahre 1952 im Bundesgebiet gestiegen. Sie beschäftigte 1952 innerhalb der Bundesrepublik um 10 % mehr Personen wie 1936 im gesamten Reichsgebiet.

Die in der kautschukverarbeitenden Industrie häufig vorkommenden Schneid-, Kleb- und Konfektionierungsarbeiten sowie die textile Verarbeitung von Asbest machen es möglich, zum großen Teil Frauen zu beschäftigen. Der Anteil der weiblichen Arbeitskräfte in der Gummi- und Asbestindustrie liegt über dem Durchschnitt der Gesamtindustrie (1936: 39 % gegenüber 21 %; 1952: 34 % gegenüber 26 %). Besonders hoch ist der Frauenanteil in der Gummischuhindustrie (1936: 76,5 %).

Nach Sicherstellung der Rohstoffversorgung durch ausreichende Importe konnte sich die Gummi- und Asbestindustrie verhältnismäßig rasch von den Kriegsauswirkungen erholen;

die Verarbeitungskapazitäten sind zum weitaus überwiegenden Teil in den Westzonen verblieben (rund 75 %). Bereits im Frühjahr 1949 konnte der Produktionsstand von 1936 wieder erreicht und überschritten werden, als die Erzeugung der anderen Industriezweige im Durchschnitt noch um fast 20 % unter dem Vorkriegsstand lag.

Produktionsentwicklung in der Gummi= und Asbestindustrie
(Produktionsindex, arbeitstäglich, 1936 = 100)
im Bundesgebiet

Zeitabschnitt		Gesamte Industrie[1])	Gummi- und Asbestindustrie
1949	1. Halbjahr	82	105
	2. Halbjahr	92	105
1950	1. Halbjahr	100	98
	2. Halbjahr	123	137
1951	1. Halbjahr	131	142
	2. Halbjahr	136	120
1952	1. Halbjahr	137	135
	2. Halbjahr	149	154
1953	1. Halbjahr	148	161

1) Ohne Bauwirtschaft, Elektrizitäts- und Gasversorgung.

Quelle: Industriebericht (Betriebe mit 10 und mehr Beschäftigten)

Der Nachholbedarf an Reifen und sonstigen Gummi= und Asbestwaren konnte bereits 1949 zum größten Teil befriedigt werden. Schon im Frühjahr 1950 machte sich der Verlust des ostdeutschen Marktes in Absatzschwierigkeiten bemerkbar.

Freilich änderte sich dann mit Ausbruch des Korea=Konfliktes und der günstigen Entwicklung der westdeutschen Kraftfahrzeugindustrie die Situation für die Gummi= und Asbestindustrie wieder grundlegend. Die Produktion stieg bis zum Jahresende 1950 im Durchschnitt aller Sparten um rd. 40 %. Auch die Umsatzverluste konnten wieder mehr als ausgeglichen werden. Das Abklingen des Koreabooms führte auch in der westdeutschen Gummi= und Asbestindustrie zu einem — zeitlich begrenzten — Rückschlag. Der westdeutsche Markt für Kautschuk= und Asbestprodukte wandelte sich seit Mitte 1951 von einem Verkäufermarkt in einen Käufermarkt. Immerhin lag der Jahresumsatz 1951 infolge der stürmischen Geschäftsentwicklung im ersten Halbjahr noch um 45 % höher als 1950.

Erfolge der Gummi= und Asbestindustrie
im Bundesgebiet

Bereich	Einheit	1936[1])	1950	1951	1952	Veränderung gegenüber 1936 in Prozent	
						1951	1952
Produktion arbeitstägl.	1936 = 100	100	118	131	145	+ 31	+ 45
Umsatz	Mill. RM/DM	371	1 110	1 614	1 630	+ 335	+ 339
Beschäftigte[2])	1000 Personen	43	58	64	63	+ 49	+ 47
Löhne und Gehälter	Mill. RM/DM	89	192	238	260	+ 169	+ 192

1) Zahlen für das Gebiet der Bundesrepublik umgerechnet. — 2) Ende Juni.

Quelle: Industriebericht (Betriebe mit 10 und mehr Beschäftigten); Die Deutsche Industrie, Gesamtergebnisse der amtlichen Produktionsstatistik 1936.

Die rückläufige Tendenz hielt bis zum Frühjahr 1952 an. Ab Jahresmitte begannen Produktion und Umsatz der Gummi= und Asbestindustrie, wesentlich gestützt durch die anhaltende Konjunktur im Fahrzeugbau, wieder zu steigen. Im Endergebnis lag das Produktionsniveau 1952 um 11 % über dem des Vorjahres, während die Umsätze des Vorjahres infolge der Preisermäßigungen nur gut erreicht wurden. Für 1953 ist ebenfalls nur mit einer geringen Steigerung des Umsatzes zu rechnen.

Erschwerter Außenhandel

Die westdeutsche Gummi= und Asbestindustrie ist in ihrer Rohstoffversorgung entscheidend von Einfuhren aus Übersee abhängig; die langen Transportwege erhöhen die Kosten und bringen die deutschen Verarbeiter gegenüber manchen ausländischen Konkurrenten ins Hintertreffen.

Während des Krieges waren alle Auslandsverbindungen abgebrochen. Inzwischen sind in zahlreichen Ländern, die früher zu den Kunden der deutschen Gummi= und Asbestindustrie zählten, neue Fabriken entstanden, oder andere Länder, insbesondere die USA, haben sich diese Märkte erobert. 1949 wurde mit 9 Mill. DM erst 1 % des Gesamtumsatzes exportiert. 1950 erreichte die westdeutsche Ausfuhr von Gummi= und Asbestwaren 50 Mill. DM und übertraf damit das Ergebnis für das Reichsgebiet im Jahre 1936 wertmäßig, was allerdings zum größten Teil auf die inzwischen eingetretenen Preiserhöhungen zurückzuführen ist. Die Exportquote dagegen war mit 4,5 % immer noch weitaus geringer wie 1936, sie erreichte erst 1951 knapp das Vorkriegsergebnis, um im folgenden Jahr wieder abzusinken. Im 1. Halbjahr 1953 war die Exportentwicklung wieder recht günstig. Die Exportquote erreichte 8 % und war damit zum ersten Mal nach dem Kriege höher als 1936.

Exportquoten der Gummi= und Asbestindustrie im Bundesgebiet

Vorgang	Einheit	Reichsgebiet 1936	1950	1951	1952	1953 1. Halbj.
Inlandsumsatz . . .	Mill. RM/DM	490	1 060	1 496	1 523	697
Auslandsumsatz . .	Mill. RM/DM	40	50	119	107	61
Exportquote[1]) . . .	Prozent	7,6	4,5	7,4	6,6	8,0

1) Anteil des Auslandsumsatzes am Gesamtumsatz.

Quelle Industriebericht (Betriebe mit 10 und mehr Beschäftigten); Die Deutsche Industrie, Gesamtergebnisse der amtlichen Produktionsstatistik 1936.

Da die Gummi= und Asbestindustrie in der Hauptsache Bestand= und Zubehörteile produziert, die erst in Verbindung mit anderen Produkten ausgeführt werden, ist auch der Wert der Produktion, die letztlich ins Ausland geht, bedeutend größer als statistisch nachweisbar.

Erzeugungsstruktur

Das Schwergewicht der Industriegruppe Gummi= und Asbestverarbeitung liegt mit gut der Hälfte des Produktionswertes bei der Reifenerzeugung, während auf das umfangreiche Gebiet der Hart= und Weichgummiwaren nicht ganz dieser Anteil und der Rest von knapp 4 % auf die Asbestverarbeitung entfällt.

Struktur der Gummi= und Asbestverarbeitung in der Bundesrepublik

Bereich	Bruttoproduktionswert 1952 in Mill. DM	Anteil am Bruttoproduktionswert in Prozent
Gummi- und Asbestverarbeitung insgesamt	1 552	100,0
davon:		
Bereifung	787	50,7
Hart- und Weichgummiwaren	707	45,6
Asbestwaren	58	3,7

Quelle: Industriebericht (Betriebe mit 10 und mehr Beschäftigten)

Nach den Ausgangsstoffen läßt sich die Kautschuk= und Asbestindustrie in zwei verschiedene, in sich homogene Hauptgruppen,
  die Kautschukverarbeitung und
  die Asbestverarbeitung
unterteilen, die nachfolgend gesondert betrachtet werden sollen.

II. DIE KAUTSCHUKINDUSTRIE

Die Folgen des Krieges

Die Erfindung der Vulkanisation durch den Amerikaner Goodyear im Jahre 1840 ermöglichte es, Naturkautschuk in die gebräuchliche Form von Gummi überzuführen und damit die technischen Voraussetzungen für die Erzeugung von Gummiwaren zu schaffen. Es gelang den USA, in der Kautschukverarbeitung vor allen anderen Industriestaaten der Welt einen bedeutenden Vorsprung zu erringen.

Naturkautschukverbrauch der Welt

Verbraucherländer	1937	1940	1949	1950	1951	1952	
	1000 t						Anteil in Prozent
Weltverbrauch insgesamt	1 107	1 128	1 438	1 705	1 524	1 478	100,0
davon in:							
USA	553	650	575	720	461	461	31,2
England	117	149	184	220	237	200	13,5
Frankreich	61	36	91	100	120	115	7,8
Deutschland[1]	91	27	66	80	83	88	6,0
UdSSR (Einfuhr)	30	20	105	83	64	125	8,5
Übrige Welt	255	246	417	502	559	489	33,0

1) 1937 und 1940 Reichsgebiet; 1949—1952 Bundesgebiet.

Quelle: Commodity Yearbook 1949; Secretariat of Rubber Study Group.

Die deutsche kautschukverarbeitende Industrie, die mit 8 % des Weltverbrauchs 1937 hinter England (11 %) den dritten Platz belegte, ist durch den Krieg und seine Folgen von Frankreich und auch von der Sowjetunion überflügelt worden; 1951 lag sie vorübergehend mit einem Anteil am Weltverbrauch von gut 5 % vor der Sowjetunion.

Die deutsche Kautschukverarbeitung war schon immer in Westdeutschland konzentriert. Den Hauptanteil an der Gesamtproduktion hatte Niedersachsen (1936: 30 %) mit dem Zentrum in Hannover. Weiterhin verteilte sich die deutsche Gummiindustrie am Mittelrhein auf die Gebiete Hessen-Nassaus und der Rheinprovinz. Der Anteil der Berliner Gummiindustrie war mit 10 % ebenfalls bedeutend.

Schwerpunkte der deutschen Gummiindustrie[1])
im Jahre 1936

Gebiet	Umsatz	Beschäftigte[2])
	Prozent	
Damaliges Reichsgebiet	100,0	100,0
davon:		
Jetziges Bundesgebiet[3])	77,3	75,0
darunter:		
Hannover	(33,2)	(30,4)
Hessen-Nassau	(14,0)	(11,7)
Rheinprovinz	(13,2)	(12,6)
Hamburg	(3,5)	(4,6)
Bayern	(3,1)	(2,6)
Berlin[4])	10,0	9,1
Sowj. Zone und Gebiete östl. Oder/Neiße	12,7	15,9
darunter:		
Sachsen	(8,5)	(11,2)
Thüringen	(2,3)	(3,0)

1) Einschließlich Asbestverarbeitung, die aber nur mit 7,6 % am Umsatz und 8,4 % an den Beschäftigten beteiligt war. — 2) Ende Juni. — 3) Einschließlich Saargebiet. — 4) Alle 4 Sektoren.

Quelle: Die Deutsche Industrie, Gesamtergebnisse der amtlichen Produktionsstatistik 1936

Nach dem Kriege verblieben von den Reifenfabriken alle bis auf ein inzwischen demontiertes Werk in den Westzonen. Über drei Viertel der sonstigen Gummiwarenindustrie lagen ebenfalls in Westdeutschland. In Berlin war rund die Hälfte der kautschukverarbeitenden Industrie in den drei Westsektoren beheimatet. Bei Buna dagegen verblieb über die Hälfte der deutschen

Kapazität in der Ostzone, darunter das größte deutsche Werk in Schkopau. So führte die Zonentrennung zu einem Mißverhältnis einerseits zwischen den Verarbeitungskapazitäten und den Herstellungskapazitäten für synthetischen Kautschuk und andererseits zwischen den Verarbeitungskapazitäten und den Absatzmärkten. Der Ausfall der mitteldeutschen Bunaerzeugung machte sich zunächst besonders nachteilig bemerkbar, da Buna kurz nach Kriegsende der einzige erreichbare Rohstoff für die westdeutsche kautschukverarbeitende Industrie war.

Bedeutung der Zonentrennung für die deutsche Gummiindustrie

Gebiet	Erzeugungskapazitäten für		
	Gummiwaren	Reifen	Kunstkautschuk
	in Prozent		
Ehemaliges Reichsgebiet . . .	100,0	100,0	100,0
davon:			
US-Zone	22,6	36,0	—
Brit. Zone	64,3	64,0	32,2
Franz. Zone	1,6	.	14,3
Bundesgebiet	88,5	100,0	46,5
Sowjetische Zone	11,5	—[1]	53,5

[1] Nach Demontage der einzigen Reifenfabrik der sowj. Zone.

Quelle: Fachzeitschrift „Chemische Industrie" 6/1949

Darüber hinaus mußte die Buna- und Butadienerzeugung auch in Westdeutschland auf Grund des Postdamer Abkommens Ende 1948 ganz eingestellt werden. Die Erzeugungsanlagen wurden zum größten Teil demontiert oder zerstört. In Hüls wurden von 18 Butadienöfen 14 abgebaut, von den 8 Bunastraßen blieb nur eine erhalten. Die Produktionsanlagen für Perbunan in Leverkusen wurden ebenfalls demontiert. Weiterhin wurde auch das Zentralkautschuklaboratorium, die Forschungsstätte nicht nur für die Bunaerzeugung, sondern auch für die kautschukverarbeitende Industrie, zugunsten Großbritanniens abgebaut. Die Zerstörungen in der westdeutschen Kautschukindustrie durch unmittelbare Kriegseinwirkungen waren erheblich; sie betrugen im Durchschnitt etwas mehr als 50 % und konnten erst unter großen Schwierigkeiten und unter Einsatz aller Kräfte wieder beseitigt werden. Die Maschinenanlagen der *Berliner* gummiverarbeitenden Industrie, deren Produktionsprogramm in der Hauptsache Spezialerzeugnisse und Einzelfabrikate umfaßte, wurden fast völlig demontiert. In der *Ostzone* wurde die einzige Reifenfabrik, die DEKA-WERKE in Kletschendorf bei Fürstenwalde, vollständig abgebaut, außerdem die Anlagen zur Erzeugung von breiten Gummitransportbändern und von nicht umsponnenen Gummifäden. Weiter wurden die Anlagen zur Herstellung von Brems- und Kupplungsbelägen zu 60 %, für Gummisohlen und Absätze zu 40 % demontiert. Das Bunawerk in Schkopau wurde im April 1948 zu rund 60 % demontiert. Mit dem verbliebenen Rest der Anlagen, die inzwischen wieder erweitert sind, wurde aber trotz des Erzeugungsverbots auf Anordnung der sowjetischen Besatzungsmacht laufend und in zunehmendem Maße synthetischer Kautschuk produziert.

Naturkautschuk — ein Monopol Südostasiens

Die deutsche kautschukverarbeitende Industrie benötigt insbesondere für die Reifenherstellung Rohstoffe aus allen Teilen der Welt. Den Hauptrohstoff Naturkautschuk bezieht sie zum überwiegenden Teil aus Malaya, Indonesien und Ceylon, daneben in geringerem Maße aus Afrika (Belgisch Kongo und Nigeria) sowie aus Mittel- und Südamerika (Brasilien). Die zur Kautschukverarbeitung benötigten Textilrohstoffe (Baumwolle, soweit noch verarbeitet) stammen aus Afrika und Amerika, der Bedarf an Chemikalien kann mit Ausnahme von Gasruß zum überwiegenden Teil aus dem Inland gedeckt werden, ebenso der Bedarf an Reifenseide (Reyon).

Kautschuk ist ein Konzentrat aus dem Saft des Gummibaumes (Hevea brasiliensis), der in den Flußniederungen des Amazonas beheimatet ist. Noch um die Jahrhundertwende stammten etwa drei Viertel der Weltkautschukerzeugung aus Brasilien. Nachdem es Henry Wickham, einem jungen Engländer, 1870 gelungen war, die Hevea-Samen zu entführen und in Plantagen weiterzuzüchten, war das Monopol des brasilianischen Wildkautschuks gebrochen und zugleich die Voraussetzung für eine Gummierzeugung geschaffen, wie sie die aufstrebende Technik des 20. Jahrhunderts verlangte. Heute sind die Hauptproduzenten von Naturkautschuk Malaya und Indonesien mit Anteilen von je 30 bis 40 % an der Weltproduktion. Daneben sind noch Ceylon und Indochina von Bedeutung. Insgesamt entfallen etwa 95 % der Weltkautschukproduktion auf Südostasien. Der Anteil Südamerikas ist auf 2 % abgesunken. Unbedeutendere Anbaugebiete für Naturkautschuk befinden sich noch in Mittelamerika und Afrika. Bei einer gesamten Anbaufläche von über 4 Mill. ha erreichte die Weltkautschukerzeugung 1951 1,9 Mill. Tonnen.

Weltkautschukerzeugung

in 1000 t

Erzeugungsländer	1937	1949	1950	1951	1952
Weltproduktion insgesamt	1 226	1 514	1 890	1 905	1 808
davon: Malaya	509	682	705	615	594
Indonesien	458	439	708	818	758
Ceylon	74	91	115	107	98
Übrige Welt	185	302	362	365	358

Quelle: OEEC Statistical Bulletins

Während der Zeit der Devisenbeschränkung im Jahre 1950 wurde zwischen den Importhändlern und der westdeutschen kautschukverarbeitenden Industrie ein Abkommen getroffen, wonach 70 % der für Kautschukimporte zur Verfügung gestellten Devisen dem Handel und 30 % der Industrie für Direkteinkäufe im Ausland zugeteilt wurden. Durch die Liberalisierung ist dieses Abkommen gegenstandslos geworden. Angesichts ihrer Bedeutung sind Rohkautschukeinfuhren zollfrei. Im Jahre 1952 erreichten die Kautschukimporte der Bundesrepublik rund 100 000 Tonnen. Demgegenüber betrug die Einfuhr 1936 für das gesamte Reichsgebiet nur 83 000 Tonnen.

Einfuhr von Naturkautschuk

in die Bundesrepublik

Land	1950		1951		1952		1953 1. Halbj.	
	1000 t	Mill.DM	1000 t	Mill.DM	1000 t	Mill.DM	1000 t	Mill.DM
Einfuhr insgesamt	91,9	224,5	90,4	412,3	103,6	309,7	57,5	137,3
davon aus:								
British Malaya	62,8	153,2	56,8	254,5	70,1	205,3	29,4	69,9
Indonesien	24,7	58,3	23,4	106,2	24,9	78,5	23,2	56,4
Ceylon	3,5	9,3	7,9	40,4	3,6	9,8	1,6	3,7
Sonstige Länder	0,9	3,7	2,3	11,2	5,0	16,1	3,3	7,3

Quelle: Amtliche Außenhandelsstatistik

In der Hauptsache werden „smoked sheet" (hellbraune Platten mit glatter Oberfläche) und „crepe" (hellgelbe Platten mit aufgerauhter Oberfläche) eingeführt, daneben seit neuerer Zeit häufig Latex (der Milchsaft des Gummibaumes). Die Gründe für die zunehmende Verwendung von Latex sind die leichtere Verarbeitung und der hohe Elastizitätsgrad des daraus hergestellten Schaumgummis.

Die Höhe des Devisenbedarfs zur Kautschukeinfuhr hängt weitgehend von der Preisentwicklung am Weltmarkt ab. Wie sehr die Koreahausse den Wert der deutschen Kautschukeinfuhren beeinflußte, geht daraus hervor, daß 1950 die Einfuhr von 90 000 t rund 53 Mill. Dollar kostete, während im folgenden Jahr für annähernd die gleiche Menge fast der doppelte Betrag aufgewendet werden mußte. Es ist daher verständlich, daß die Devisenrestriktionen und der 50 %ige Bardepot-Zwang der kautschukverarbeitenden Industrie große Schwierigkeiten bereiten mußten. Obwohl 1952 die Abschwächung des Kautschukpreises anhielt, war die Einfuhr von Naturgummi im Jahresdurchschnitt immer noch um mehr als 20 % teurer als 1950. Der westdeutsche Naturkautschukverbrauch betrug in den letzten Jahren:

        1950 . . . . 80 300 t
        1951 . . . . 83 100 t
        1952 . . . . 88 600 t.

Wieder deutscher Kunstkautschuk

Ein bedeutender Konkurrent ist dem Naturkautschuk in dem synthetischen Gummi erwachsen. Deutschland war an der Entwicklung dieses Rohstoffes maßgeblich beteiligt. Nachdem bereits während des 1. Weltkrieges geringe Mengen hergestellt wurden, entwickelte die IG=Farben nach langjährigen Versuchsarbeiten Mitte der 20iger Jahre ein neues Herstellungsverfahren. Zehn Jahre später wurde in Schkopau im mitteldeutschen Braunkohlenrevier die erste deutsche Bunafabrik errichtet. Sie erreichte während des Krieges eine Erzeugungskapazität von 70 000 t im Jahr. Es wurde hauptsächlich Buna=S hergestellt. 1938 wurde das Buna=Werk in Hüls mit einer Jahreskapazität von 40 000 t fertiggestellt. Das Produktionsprogramm umfaßt Buna=S und Buna=SS. Eine weitere kleine Fabrik für Perbunan wurde 1937 in Leverkusen errichtet. Die Buna=Anlagen in Ludwigshafen wurden erst während des Krieges in Betrieb genommen; behindert durch Luftangriffe erreichten sie jedoch nicht die geplante Kapazität von 30 000 t jährlich. Insgesamt wurde bis 1945 in den Buna=Werken etwa 1 Mrd. RM investiert; für Forschung wurden etwa 80 Mill. RM ausgegeben. Die Kapazitäten für die Bunaerzeugung erreichten bei Kriegsende etwa 170 000 Jahrestonnen.

Durch die Rüstung und den Krieg getrieben, stand Deutschland 1942 qualitativ wie quantitativ mit einer Erzeugung von rund 100 000 t synthetischem Kautschuk an der Spitze aller Länder. Erst 1943 wurde es von den USA übertroffen.

Weltkunstkautschukerzeugung

in 1 000 t

Jahr	Deutschland[1]		USA	Kanada
1937	2,5		0,5	—
1940	40,5		2,6	—
1943	117,6		235,5	2,6
1945	.		833,5	46,4
	West-	Mittel-		
1946	15,8	.	751,9	51,8
1947	8,4	.	516,9	43,1
1948	3,4	.	496,2	41,1
1949	—	.	399,6	47,4
1950	—	39,8	476,0	58,0
1951	1,0	55,0	845,0	62,0
1952	5,0	68,5	811,2	75,5

1) 1937 bis 1945 Reichsgebiet; 1946 bis 1948 Bundesgebiet ohne französische Zone.

Quelle: Commodity Yearbook; International Rubber Study Group

Nach dem 2. Weltkrieg wurde für Deutschland die Erzeugung von Kunstkautschuk durch das Potsdamer Abkommen verboten[1], so daß dieser Rohstoff aus dem Ausland eingeführt werden mußte. Die Lieferländer hierfür waren in der Hauptsache die USA und Kanada. Ebenso wie bei Naturkautschuk waren auch die Kunstkautschukimporte durch den Devisenmangel in der Zeit der akuten Dollarknappheit vorübergehend erschwert. 1951 verarbeitete die westdeutsche Gummiindustrie 4 462 t Kunstkautschuk; eingeführt wurden rund 6 500 t im Werte von 19 Mill. DM

Einfuhr von Kunstkautschuk

in das Bundesgebiet

Land	1950		1951		1952		1953 1. Halbj.	
	t	Mill.DM	t	Mill.DM	t	Mill.DM	t	Mill.DM
Einfuhr insgesamt . . .	3 163	8,5	6 522	19,3	6 196	21,4	3 192	10,1
darunter aus:								
USA	1 715	7,9	1 433	5,6	3 016	12,0	1 608	5,7
Kanada	1 447	3,6	5 071	13,6	3 165	9,3	1 566	4,3

Quelle: Amtliche Außenhandelsstatistik

Durch das Abkommen der drei Hohen Kommissare vom 3. April 1951 wurde das grundsätzliche Verbot der Kunstkautschukerzeugung aufgehoben. Die Produktion, die aber auf 6 000 t Butadien und 6 000 t Buna im Jahr begrenzt blieb, wurde im November 1951 in Hüls mit

---

[1] Bis zum Abbau der Kapazitäten wurde eine geringfügige Produktion aufrecht erhalten (s. Tab.)

monatlich 500 t Buna und in Leverkusen mit 100 t Perbunan wieder aufgenommen. Außerdem stellen die chemischen Werke Anorgana in Gendorf ebenfalls benzin= und benzolfestes Thiogutt her. Damit waren die Versorgungsschwierigkeiten, die für ölbeständige Kunstkautschuktypen bestanden hatten, im wesentlichen beseitigt.

Bei Wiederaufnahme der westdeutschen Kunstkautschukproduktion betrug der Naturkaut= schukpreis 7,90 DM/kg, während Buna zu 4,60 DM/kg geliefert werden konnte. Inzwischen ist jedoch der Naturkautschukpreis unter 2 DM/kg abgesunken, so daß der Absatz von deut= schem Kunstkautschuk zurückging und die Produktion in Hüls vorübergehend von 500 t auf 300 t gesenkt werden mußte. Da in der westdeutschen Kautschukindustrie großes Interesse an der technischen Weiterentwicklung der deutschen Bunaproduktion besteht, staatliche Sub= ventionen aber nicht möglich sind, wurde Mitte 1952 eine Preisausgleichskasse mit einem Kuratorium aus Vertretern der Industrie errichtet, die einen Preisausgleich zwischen Natur= und Kunstkautschuk herbeiführen soll. Die Höhe der Ausgleichszahlung wird nach dem je= weiligen Naturkautschukpreis festgesetzt. Die Ausgleichszahlung soll der westdeutschen Kunstkautschukindustrie die Möglichkeit geben, ihre Erzeugnisse durch technische Verbes= serungen und Modernisierung der Herstellungsverfahren zu verbilligen.

Reifenerzeugung Rund 60 % des Weltkautschukaufkommens werden für die Reifenherstellung in den verschie= denen Ländern benötigt. U. a. werden in den USA, Kanada und Frankreich etwa zwei Drittel des gesamten Kautschuks von der Reifenindustrie verbraucht, in Westdeutschland rund 60 % und in Großbritannien etwa 57 %. Daraus ist ersichtlich, wie stark die Konjunktur in der Kaut= schukverarbeitung von der Entwicklung im Fahrzeugbau abhängig ist.

Kautschukverbrauch und Kraftfahrzeugbestand der Welt

Zeit	Kautschukverbrauch 1 000 t	Kraftfahrzeugbestand 1 000 Stück
1900	50	10
1910	100	500
1920	300	10 000
1930	700	36 000
1940	1 150	44 000
1950	2 400	70 000

Quelle: Fachzeitschrift „Gummi und Asbest"

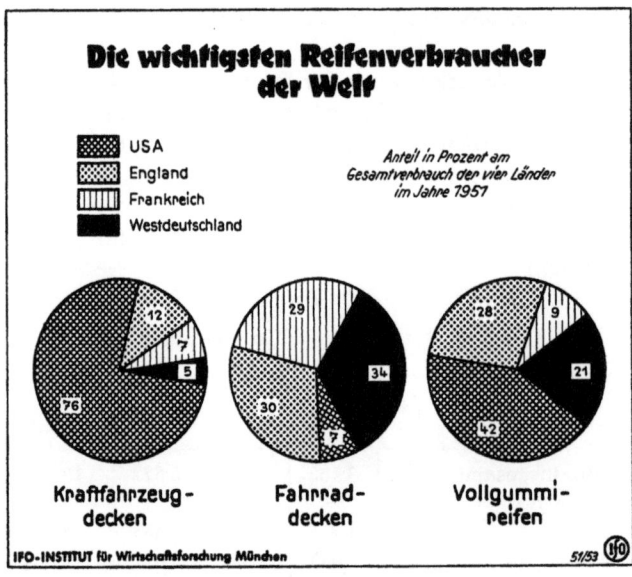

Die Produktion der einzelnen Reifenarten richtet sich im we= sentlichen nach der Zusammen= setzung des Fahrzeugparks. In den USA, wo der Wagenpark 1951 zu 83 % aus Personen= kraftwagen bestand, ist der An= teil der PKW=Reifen an der Reifenproduktion am größten. Dagegen werden in den euro= päischen Ländern relativ mehr Reifen für Nutzfahrzeuge wie Lastkraftwagen oder Omni= busse benötigt. In Westdeutsch= land spielen außerdem Kraft= radreifen eine bedeutende Rolle. (Im Bundesgebiet liefen Anfang 1953 rund 1,5 Mill. Motorräder gegenüber 0,5 Mill. in den USA und 0,8 Mill. in Großbritannien.) Fahrrad= und Vollgummireifen fallen in den USA kaum ins Gewicht; in den europäischen Ländern, insbesondere in Westdeutschland, spielen sie eine größere Rolle.

Die westdeutsche Reifenproduktion, die sich bis zur Währungsreform langsam aber stetig auf= wärts bewegte, stieg nach der Geldumstellung, als wieder umfangreiche Rohstoffimporte möglich waren, sprunghaft an. Die starke Nachfrage konnte bei verschiedenen Reifenarten in

Die wichtigsten Zahlen aus der Gummi- und Asbestindustrie

Gegenstand	Einheit	Jan.	Febr.	März	April	Mai	Juni	Juli	Aug.	Sept.	Okt.	Nov.	Dez.	Jahr MD	Summe
Produktion															
Insgesamt arbeitstäglich															
1951	1936 = 100	133	150	158	145	134	135	118	111	112	122	133	122	131	—
1952	1936 = 100	128	141	136	124	136	144	138	147	161	160	164	157	145	—
1953	1936 = 100	150	159	160	161	166	170	157	163	182	184 p	191 p	.	.	.
Bereifung insgesamt															
1951	Mill. DM	56,0	61,4	75,7	69,9	66,4	83,4	72,4	65,0	63,1	72,0	70,9	61,4	68,1	817,6
1952	Mill. DM	67,5	70,4	66,6	48,6	55,8	57,7	63,1	64,2	69,8	71,3	66,5	63,7	63,8	765,8
1953	Mill. DM	63,7	57,3	66,1	53,4	51,7	59,6	58,4	58,4	66,4	68,7	.	.	.	.
1951	t	8439	8678	9705	8683	7664	9121	8044	7664	7242	8414	8358	7100	8259	99112
1952	t	8158	8997	8708	6829	8025	8396	9194	9041	9786	10000	8675	8708	8710	104517
1953	t	8430	8445	9886	8828	8306	9416	8936	8974	10232	10730	10054	.	.	.
dar.: Fahrraddecken															
1951	1000 Stück	1521	1471	1589	1389	1095	1012	612	598	502	457	470	419	928	11135
1952	1000 Stück	582	751	862	822	1014	1101	1100	999	916	830	715	653	862	10345
1953	1000 Stück	754	833	1038	939	930	1088	1025	907	991	991	935	.	.	.
Kraftraddecken															
1951	1000 Stück	77	76	93	88	75	87	69	66	83	78	65	56	76	913
1952	1000 Stück	57	77	95	93	112	126	129	119	125	102	77	65	98	1177
1953	1000 Stück	77	94	130	127	143	162	133	104	102	89	78	.	.	.
Personenwagendecken															
1951	1000 Stück	225	239	265	252	225	290	301	280	226	240	230	192	247	2965
1952	1000 Stück	222	245	222	165	199	217	263	251	288	317	299	300	249	2988
1953	1000 Stück	262	246	234	225	221	291	301	306	351	373	341	.	.	.
Lastwagendecken															
1951	1000 Stück	62	63	68	60	57	69	66	63	67	83	81	72	68	811
1952	1000 Stück	76	76	70	53	62	63	72	72	82	86	82	80	73	874
1953	1000 Stück	79	76	98	75	71	78	76	78	98	104	100	.	.	.
Weich- und Hartgummiwaren insgesamt															
1951	Mill. DM	52,5	58,2	66,2	62,5	56,3	60,1	51,5	53,1	48,5	55,5	55,3	49,3	55,8	669,0
1952	Mill. DM	53,1	53,3	56,1	49,6	54,4	52,3	57,5	59,6	65,9	68,7	62,9	61,0	57,9	694,4
1953	Mill. DM	60,4	58,3	63,6	58,6	61,4	69,8	68,2	67,8	75,1	78,3	.	.	.	.
1951	t	9351	9773	10665	9851	8498	9122	7840	7898	7247	8588	8807	7988	8802	105628
1952	t	8913	9219	9489	8516	9252	9084	9982	10478	11642	12057	11155	10874	10063	120761
1953	t	11216	10943	11398	10821	10987	12373	12410	12358	13621	14417	13172	.	.	.
dar.: Transportbänder															
1951	t	514	531	595	631	561	669	670	663	522	549	496	472	573	6873
1952	t	574	556	665	538	606	573	603	592	646	631	539	526	587	7049
1953	t	513	554	645	517	571	638	645	569	699	715	668	.	.	.
Besohlmaterial															
1951	t	2256	2293	2622	2196	1701	1810	1713	1752	1776	2372	2445	2219	2096	25155
1952	t	2568	2686	2478	2249	2630	2451	2789	3002	3396	3333	3030	3006	2802	33627
1953	t	3348	3432	3291	3148	3093	3251	3202	3390	3949	4236	3813	.	.	.
Asbestwaren insgesamt															
1951	Mill. DM	←	14,4	→	←	15,9	→	←	15,5	→	←	15,5	→	5,1	61,3
1952	Mill. DM	←	14,3	→	←	14,1	→	←	14,3	→	←	14,8	→	4,8	57,5
1953	Mill. DM	←	14,9	→	←	13,8	→	←	.	→	←	.	→	.	.
dar.: Asbest- und It-Platten															
1951	Mill. DM	←	4,8	→	←	5,5	→	←	5,1	→	←	5,4	→	1,7	20,8
1952	Mill. DM	←	4,1	→	←	3,1	→	←	3,7	→	←	4,1	→	1,3	15,0
1953	Mill. DM	←	4,5	→	←	3,6	→	←	.	→	←	.	→	.	.
Energie- u. Rohstoffversorgung															
Kohleverbrauch															
1951	1000 t SKE	27	27	26	23	20	21	20	20	19	24	25	24	23	276
1952	1000 t SKE	29	27	26	21	21	20	22	22	24	27	28	27	25	294
1953	1000 t SKE	32	28	27	23	21	23	23	22	24	27	.	.	.	.
Kohleverbrauch je Tonne Erzeugung															
1951	t SKE	1,5	1,4	1,3	1,3	1,3	1,1	1,3	1,3	1,3	1,4	1,5	1,6	1,4	—
1952	t SKE	1,7	1,5	1,4	1,4	1,2	1,2	1,2	1,1	1,1	1,3	1,3	1,4	1,3	—
1953	t SKE	1,6	1,4	1,3	1,2	1,1	1,0	1,1	1,1	1,0	1,1	.	.	.	—
Stromverbrauch															
1951	Mill. kWh	32	30	32	31	26	30	27	27	26	29	29	26	29	346
1952	Mill. kWh	31	32	32	26	28	29	31	31	34	36	34	32	31	376
1953	Mill. kWh	34	33	35	32	31	35	34	35	38	39	.	.	.	.
Stromverbrauch je Tonne Erzeugung															
1951	1000 kWh	1,8	1,6	1,6	1,7	1,6	1,6	1,7	1,7	1,8	1,8	1,7	1,7	1,7	—
1952	1000 kWh	1,8	1,7	1,7	1,7	1,6	1,6	1,6	1,6	1,6	1,7	1,6	1,7	1,7	—
1953	1000 kWh	1,7	1,7	1,6	1,6	1,6	1,6	1,6	1,6	1,6	1,6	.	.	.	—
Kautschukeinfuhr[1]															
1951	1000 t	10,7	10,5	10,8	8,1	5,3	6,4	6,7	8,9	10,3	8,3	6,3	10,0	8,5	102,3
1952	1000 t	10,0	9,0	10,4	8,7	5,7	6,0	7,7	9,4	9,1	12,2	11,8	12,3	9,4	112,3
1953	1000 t	10,8	9,6	10,5	11,0	9,9	9,8	10,6	8,6	11,6	9,8	13,5	.	.	.
Asbesteinfuhr															
1951	1000 t	2,0	1,4	1,7	1,6	2,2	2,4	2,1	2,9	2,3	1,8	1,8	1,3	2,0	23,5
1952	1000 t	1,9	2,5	4,9	3,9	2,8	4,1	2,1	2,7	2,2	2,1	2,8	2,9	34,8	
1953	1000 t	3,3	1,8	1,2	1,5	2,7	1,9	2,7	3,5	2,1	1,4	.	.	.	.
Umsatz															
Insgesamt															
1951	Mill. DM	119,6	134,7	143,6	150,9	131,3	141,1	116,4	125,6	132,8	146,8	140,5	130,2	134,5	1613,5
1952	Mill. DM	123,5	116,2	124,5	120,7	132,5	132,1	145,6	140,9	153,7	153,9	141,8	145,6	135,9	1631,0
1953	Mill. DM	111,4	112,4	131,3	124,3	132,0	146,1	150,7	14,78	162,2	160,5	.	.	.	.
Auslandsumsatz															
1951	Mill. DM	5,9	6,8	8,2	9,8	9,9	10,7	10,5	11,8	12,0	10,7	10,6	12,4	9,9	119,3
1952	Mill. DM	10,1	9,5	9,2	7,5	9,2	7,6	8,0	8,9	8,6	9,9	8,7	9,8	8,9	107,0
1953	Mill. DM	9,7	9,1	11,6	10,3	9,5	10,9	11,8	10,8	11,8	14,3	.	.	.	.
Exportquote															
1951	vH	5,0	5,1	5,7	6,5	7,5	7,6	9,0	9,4	9,0	7,2	7,5	9,8	7,4	—
1952	vH	8,9	8,2	7,4	6,2	6,9	5,7	5,5	6,3	5,6	6,4	6,1	6,8	6,7	—
1953	vH	8,7	8,1	8,8	8,3	7,2	7,4	7,8	7,3	7,3	8,9	.	.	.	—

[1]) Einschl. Guttapercha und Balata

Die wichtigsten Zahlen aus der Gummi- und Asbestindustrie

Gegenstand	Einheit	Jan.	Febr.	März	April	Mai	Juni	Juli	Aug.	Sept.	Okt.	Nov.	Dez.	Jahr MD	Summe
Außenhandel															
Einfuhr insgesamt 1951	1000 DM	2049	1861	2484	1871	1241	1032	1224	1033	3500	865	1309	790	1605	19259
1952	1000 DM	360	437	582	505	787	1225	1319	872	1217	1171	1110	1974	963	11559
1953	1000 DM	1389	672	824	949	1025	998	974	1264	1354	1154	1548	.	.	.
dar.: Bereifungen 1951	1000 DM	550	662	637	262	474	86	81	49	148	158	366	343	318	3816
1952	1000 DM	129	193	310	292	574	987	1125	645	952	779	804	1626	701	8416
1953	1000 DM	1049	444	535	695	809	723	675	871	1009	721	.	.	.	.
dar.: Kraftfahrzeuglaufdecken 1951	1000 DM	364	576	561	213	401	52	32	2	112	136	351	273	256	3073
1952	1000 DM	109	183	289	267	513	934	1021	616	930	732	789	1609	666	7992
1953	1000 DM	1003	433	508	643	745	678	649	824	987	698	.	.	.	.
Ausfuhr insgesamt 1951	1000 DM	7527	7759	9233	11819	11868	11237	13763	13977	16064	11801	8057	14727	11742	140905
1952	1000 DM	7555	8756	6978	7885	8213	8663	8311	8572	9323	9228	8486	11096	8589	103066
1953	1000 DM	8475	8824	9986	10312	9809	11328	10459	9739	10058	14855	13917	.	.	.
dar.: Bereifungen 1951	1000 DM	2915	3014	3553	4445	4766	5228	6939	7798	9778	6505	3938	7952	5569	66831
1952	1000 DM	3419	4252	2384	3599	3421	3196	3340	3967	4188	3697	3359	3739	3547	42561
1953	1000 DM	3363	3948	4191	3806	3873	3784	3676	3378	2980	5020	.	.	.	.
dar.: Kraftfahrzeuglaufdecken 1951	1000 DM	1640	1781	1775	2653	2354	3326	5151	6178	8381	5966	3730	7026	4163	49961
1952	1000 DM	2998	3598	1939	2977	2380	2418	2775	3094	3481	3107	2833	2952	2879	34552
1953	1000 DM	2691	3379	3372	3060	3143	2900	2874	2509	2374	4119	.	.	.	.
Beschäftigung und Löhne															
Beschäftigte 1951	1000	64,0	65,5	66,2	65,9	65,1	63,9	62,6	61,8	60,9	60,8	61,1	61,0	63,2	—
1952	1000	60,8	61,1	60,9	61,5	62,0	63,0	63,8	64,7	65,1	65,4	65,4	65,1	63,2	—
1953	1000	67,2	67,5	68,0	69,1	70,9	71,9	72,4	72,9	73,6	73,9	.	.	.	.
Geleistete Arbeiterstunden 1951	Mill. Std.	9,3	8,8	9,3	9,2	8,3	8,8	7,8	8,1	7,8	8,7	8,4	7,6	8,5	102,1
1952	Mill. Std.	8,8	8,4	8,6	8,2	8,3	8,3	9,1	8,8	9,4	10,2	9,2	9,1	8,9	106,4
1953	Mill. Std.	9,4	8,8	9,9	9,7	9,5	10,4	10,2	9,8	10,6	11,2	.	.	.	.
Löhne und Gehälter 1951	Mill. DM	19,0	17,9	19,7	19,8	21,2	20,8	19,8	20,0	19,0	19,7	19,6	21,4	19,8	237,9
1952	Mill. DM	20,4	19,3	20,1	20,9	20,9	20,7	22,3	21,5	22,5	23,5	22,3	26,1	21,7	260,5
1953	Mill. DM	23,0	21,3	23,6	23,8	23,8	24,8	24,9	24,5	25,2	25,7	.	.	.	000,0
dar.: Löhne 1951	Mill. DM	14,4	13,3	14,9	14,8	16,0	15,6	14,6	14,8	13,8	14,4	14,3	15,3	14,7	176,2
1952	Mill. DM	15,1	14,0	14,5	15,3	15,3	15,1	16,6	15,9	16,7	17,5	16,3	19,0	15,9	191,3
1953	Mill. DM	17,0	15,2	17,3	17,5	17,6	18,4	18,6	18,1	18,7	19,3	.	.	.	.
Ertragslage															
Umsatz je Beschäftigten 1951	DM	1868	2056	2168	2289	2019	2209	1860	2032	2180	2415	2298	2135	2127	—
1952	DM	2030	1903	2043	1964	2139	2098	2284	2179	2362	2340	2167	2236	2145	—
1953	DM	1660	1665	1931	1799	1863	2031	2082	2027	2203	2172	.	.	.	.
Löhne und Gehälter je 1000 DM Umsatz 1951	DM	163	136	140	134	165	151	174	164	147	137	143	168	152	—
1952	DM	170	170	163	177	162	160	157	157	150	158	161	183	164	—
1953	DM	214	196	184	197	186	175	170	171	160	166	.	.	.	.
Lohnkosten je geleistete Arbeiterstunde 1951	DM	1,56	1,51	1,60	1,62	1,87	1,77	1,86	1,84	1,76	1,66	1,71	2,02	1,74	—
1952	DM	1,72	1,67	1,68	1,88	1,93	1,81	1,83	1,81	1,77	1,72	1,77	2,09	1,80	—
1953	DM	1,81	1,74	1,74	1,80	1,83	1,78	1,82	1,85	1,77	1,71	.	.	.	.
Produktivität je Arbeiterstunde 1951	1936 = 100	←	98,5	→	←	95,5	→	←	90,9	→	←	94,0	→	94,7	—
1952	1936 = 100	←	99,7	→	←	97,8	→	←	107,1	→	←	106,0	→	102,7	—
1953	1936 = 100	←	106,8	→	←	102,4	→	←	108,5	→	←	.	→	.	—
Weich- und Hartgummi-Produktion je Arbeiter 1951	kg	336	339	371	341	302	356	312	310	294	345	347	306	330	3959
1952	kg	347	368	368	309	347	347	370	372	410	415	373	371	366	4397
1953	kg	360	354	385	348	333	370	361	358	397	421	.	.	.	.
Weich- und Hartgummi-Produktion je Arbeiterstunde 1951	kg	1,9	2,1	2,2	2,0	2,0	2,1	2,0	1,9	1,9	2,0	2,1	2,0	2,0	—
1952	kg	1,9	2,2	2,1	1,9	2,1	2,1	2,1	2,3	2,1	2,2	2,2	2,1	2,1	—
1953	kg	2,1	2,2	2,2	2,0	2,0	2,1	2,1	2,2	2,3	2,2	.	.	.	—
Preise															
Kautschuk (Weltmarktpreis) 1951	$/t	1586	1630	1542	1454	1454	1454	1145	1145	1145	1145	1145	1145	1333	—
1952	$/t	1145	1112	1112	1068	1068	837	661	655	595	600	650	694	850	—
1953	$/t	639	606	589	542	564	542	531	515	512	457	.	.	.	—
Kautschuk (Inlandpreis) 1951	DM/t	6500	7600	7000	6200	4900	4900	5000	4850	5200	5000	4700	4500	5529	—
1952	DM/t	4400	3870	3640	3500	2795	2882	2916	2730	2470	2430	2680	3000	3109	—
1953	DM/t	2750	2500	2380	2220	2302	2200	2100	2073	2060	1850	.	.	.	—
Fahrradbereifung[2] (Einzelhandelspreis) 1951	DM/Ber.	18,77	19,48	20,13	20,55	20,71	20,62	19,83	19,57	19,51	19,24	18,98	18,78	19,69	—
1952	DM/Ber.	18,59	18,40	18,34	18,30	17,64	17,48	17,16	17,02	16,67	15,11	15,10	15,10	17,08	—
1953	DM/Ber.	15,10	15,55	15,68	15,68	15,68	15,68	15,68	15,68	15,68	15,68	15,68	.	.	—
Erzeugerpreise insgesamt 1951	1938 = 100	204	230	230	247	250	250	230	229	229	229	226	221	231	—
1952	1938 = 100	217	216	216	207	206	205	202	200	199	198	198	198	205	—
1953	1938 = 100	198	199	192	189	189	189	188	188	188	185	185	.	.	—
Bereifungen 1951	1938 = 100	184	215	215	247	247	247	225	225	225	225	222	222	225	—
1952	1938 = 100	214	214	214	198	198	198	198	196	195	195	195	195	201	—
1953	1938 = 100	195	196	183	183	183	183	183	183	183	177	177	.	.	—
Hart- und Weichgummiwaren 1951	1938 = 100	222	242	242	244	250	250	232	228	228	228	228	215	234	—
1952	1938 = 100	215	214	213	212	211	208	200	197	196	196	196	196	204	—
1953	1938 = 100	196	196	196	190	190	190	189	189	189	189	189	.	.	—
Asbest und Gummi-Asbestwaren 1951	1938 = 100	355	361	363	359	362	384	385	385	385	385	385	385	375	—
1952	1938 = 100	385	385	385	385	381	381	381	381	381	381	381	381	383	—
1953	1938 = 100	381	367	363	363	363	361	357	356	355	351	.	.	.	—

[2]) Einzelhandelspreis für zwei Decken und zwei Schläuche; ab September 1952 Änderung der Erhebungsgrundlagen

relativ kurzer Zeit befriedigt werden. Als der Nachholbedarf gegen Ende 1949 im wesentlichen abgedeckt war, kam es zu einer Flaute im Reifengeschäft, die bis Mitte 1950 anhielt. Als sich die Zunahme des Straßenverkehrs und die Belebung im Fahrzeugbau günstig auch auf die Reifenindustrie auszuwirken begann, löste der Ausbruch des Koreakonfliktes einen ausgesprochenen Run nach Reifen aus. Der stürmischen Nachfrage konnte die Produktion oft nicht mehr folgen. Das Produktionsvolumen stieg vom 1. bis zum 4. Vierteljahr 1950 bei Bereifungen ingesamt um 55 %; die Steigerung war bei Kraftradreifen mit 85 % besonders groß. Mit dem Abklingen des Koreabooms im Jahre 1951 ging die Nachfrage und damit die Produktion bei fast allen Reifenarten (Ausnahme PKW=Reifen) wieder zurück. Die Zurückhaltung der Käufer beruhte im wesentlichen auf der Erwartung sinkender Preise und hielt auch bis in die ersten Monate des Jahres 1952 an. Nach der Preissenkung im April 1952 belebte sich das Reifengeschäft wieder, gestützt auf die unverändert günstige Entwicklung der Kraftfahrzeugindustrie. Auch 1953 war die bisherige Geschäftsentwicklung recht günstig.

Produktion von Reifen
im Bundesgebiet

Erzeugnis	1936	1950	1951	1952	1953 1. Halbj.	
	Produktion in 1000 Stück					Mill. DM
Bereifung insgesamt	.	(89,6)[1]	(99,2)[1]	(104,5)[1]	(53,3)[1]	357,5
darunter:						
Fahrraddecken . .	18 906	17 772	11 124	10 359	5 592	22,6
Fahrradschläuche .	16 026	15 660	10 996	9 600	5 219	6,6
Kraftraddecken . .	774[2]	882	913	1 181	737	18,5
Kraftradschläuche.	744[2]	979	904	1 188	744	3,0
PKW-Decken . . .	2 242	2 334	2 966	2 986	1 479	82,8
PKW-Schläuche .	2 128	2 330	2 658	2 742	1 214	8,3
LKW-Decken . . .	768[3]	682	811	876	476	165,8
LKW-Schläuche .	757[3]	663	724	804	388	8,9
Decken für andere mech. Fahrzeuge	.	438	665	774	438	30,7
Schläuche für andere mech. Fahrzeuge	.	340	481	583	305	3,3

1) 1000 t. — 2) Einschließlich Kleinwagen. — 3) Einschließlich Lieferwagen.

Quelle: *Statistisches Handbuch von Deutschland 1928—1944; Industriebericht (Betriebe mit 10 und mehr Beschäftigten)*

Den stärksten Produktionsanstieg hatten bisher Kraftradreifen zu verzeichnen. Auch die Erzeugung von LKW= und Ackerwagenreifen konnte von Jahr zu Jahr gesteigert werden, während die Produktion von Fahrradreifen seit 1950 rückläufig ist, entsprechend der Entwicklung in der Fahrradindustrie. Insgesamt ist die Reifenproduktion in den letzten Jahren ständig gestiegen. Für das Jahr 1953 ist mit einer Erzeugung von 110 000 t zu rechnen, womit das Vorjahresergebnis um 5 % übertroffen würde.

Hart- und Weichgummiwaren

Die Produktion von Hart= und Weichgummiwaren, das zweite große Erzeugungsgebiet der Gummindustrie, ist äußerst differenziert. Die nachfolgende Aufstellung gibt einen Überblick über die verschiedenen Einsatzmöglichkeiten.

Einsatzgebiet	Erzeugnisse
Fahrzeugindustrie	Kupplungsbeläge, Stoßdämpfer, Druckluft- und Ölbremsen, öl- und treibstoffeste Schläuche für Kraftfahrzeuge, Flugzeuge und Tankstellen
Eisenbahn	Dampf-, Heiz- und Wasserschläuche, Schläuche für Kesselreinigung, Bremsschläuche usw.
Bergbau	Gurtförderer, Transportbänder, Wasserschläuche
Feuerlöschwesen	Wasser- und Schaumschläuche
Taucherbedarf	Anzüge, Schläuche

Einsatzgebiet	Erzeugnisse
Übrige Industriezweige	Trieb- und Keilriemen als Antriebselemente für Maschinen, Transportbänder zur Beförderung von Massengütern, Förderbänder, Dichtungen, Walzbezüge, Schläuche, Isolierteile für Elektrotechnik, Mäntel für Kabel, Verpackungsmaterial
Landwirtschaft	Gummireifen, Schläuche, Gummistiefel
Medizin	Tauchgummiwaren, Sauger, Schutzmittel, Handschuhe
Haushaltsbedarf und Artikel des tägl. Lebens	Schläuche, Dichtungen, Matten, Schwämme, Kleidungsstücke, Gummischuhe, Besohlmaterial, Sport- und Badeartikel

In Anbetracht der umfangreichen Bergbautätigkeit in Westdeutschland ist der Anteil von Transportbändern und Gurtförderern an der Gummiwarenproduktion ebenso wie in England bedeutend. Gummischuhe werden relativ am meisten in England verbraucht; es folgen Frankreich und Westdeutschland und erst mit weitem Abstand die USA. Dagegen ist der Verbrauch von Gummiabsätzen in Westdeutschland am größten.

In zunehmendem Maße treffen Gummiwaren heute auf konkurrierende Erzeugnisse anderer Industriezweige. Bei Absätzen und Besohlmaterial sind weitere Erfolge für Gummi weitgehend abhängig von dem Preisunterschied zwischen Gummi und Leder. Zahlreichen Hart- und Weichgummiwaren sind in einigen Kunststoffen starke Konkurrenten erwachsen. Imprägnierte Stoffe treten gegen gummierte auf.

Nach dem Zusammenbruch im Jahre 1945 hatten die westdeutschen Hart- und Weichgummiwaren-Erzeuger mit denselben Schwierigkeiten zu kämpfen wie die Reifenindustrie. Auch hier war erst nach der Währungsreform eine den Marktbedürfnissen entsprechende Produktionsausweitung möglich und der Nachholbedarf der Endverbraucher im Herbst 1949 im wesentlichen abgedeckt.

Produktion von Gummiwaren
im Bundesgebiet

Zeit	Weich- und Hartgummiwaren insgesamt		darunter					
			Schläuche und Einlagen	Transportbänder	Chirurg. Gummiwaren	Besohlmaterial	Gummischuhwaren	Hartgummiwaren
	1 000 t	Mill. DM	Tonnen					
1950								
1. Quartal	20,2	101,2	1 429	1 339	175	5 625	2 654	1 135
2. Quartal	19,7	96,9	1 725	1 312	111	4 960	2 074	918
3. Quartal	25,5	122,9	1 937	1 619	218	6 479	2 553	.
4. Quartal	29,5	154,3	2 164	1 878	417	6 995	3 688	.
Jahr	94,9	475,3	7 255	6 148	921	24 059	10 969	.
1951								
1. Quartal	29,8	176,9	2 775	1 640	263	7 017	3 448	1 703
2. Quartal	27,5	179,2	2 372	1 860	226	5 700	2 421	1 685
3. Quartal	23,0	153,1	1 536	1 855	253	5 191	2 523	1 316
4. Quartal	26,7	159,9	1 312	1 518	396	7 070	3 335	1 497
Jahr	107,0	669,1	7 995	6 873	1 138	24 978	11 727	6 201
1952								
1. Quartal	28,7	169,6	1 778	1 788	179	7 926	2 810	1 601
2. Quartal	27,1	158,4	2 042	1 710	164	7 288	1 965	1 131
3. Quartal	32,2	183,5	2 008	1 835	312	9 293	3 007	1 652
4. Quartal	34,4	195,6	1 897	1 692	515	9 393	4 349	1 795
Jahr	122,4	707,1	7 725	7 025	1 170	33 900	12 131	6 179
1953								
1. Quartal	34,0	190,4	2136	1757	379	9 896	.	1 549
2. Quartal	34,8	195,6	2635	1729	271	9 551	.	1 263

Quelle: Industriebericht (Betriebe mit 10 und mehr Beschäftigten)

Der Koreakonflikt brachte im 2. Halbjahr 1950 auch in der Hart- und Weichgummiwarenindustrie eine lebhafte Aufwärtsentwicklung, die bis zum 1. Vierteljahr 1951 anhielt. Die Erzeugung stieg mengenmäßig von Mitte 1950 bis zum 1. Vierteljahr 1951 insgesamt um über 50 %, am stärksten bei chirurgischen Gummiwaren und Gummischuhen.

Die rückläufige Verbrauchsgüterkonjunktur im Jahre 1951 wirkte sich im Sommer besonders auf solche Gummiwaren aus, die für den unmittelbaren Ge= und Verbrauch bestimmt sind (z. B. Absätze und Besohlmaterial). Im Herbst 1951 kam es wieder zu einer allgemeinen Belebung. Das Produktions=Niveau konnte in den Jahren 1952/53 bei geringfügigen Schwankungen weiter erhöht werden.

Insgesamt wurden 1952 rund 122 000 t Weich= und Hartgummiwaren hergestellt. Damit wurde das Produktionsergebnis von 1936 im Reichsgebiet (91 600 t) um ein Drittel über= troffen und das Rekordergebnis von 1938 gut erreicht.

Gummiwaren wieder im Auslandsgeschäft
Auf der Einfuhrseite der Außenhandelsbilanz der westdeutschen Gummiindustrie fallen natur= gemäß die Kautschukeinfuhren im Rahmen der Rohstoffbeschaffung besonders ins Gewicht. Die Einfuhr von Halb= und Fertigwaren ist jedoch gegenüber der Ausfuhr unbedeutend. Nur noch 1949 kam es zu einem Einfuhrüberschuß von 4,4 Mill. DM. 1950 wurde bereits ein Aus= fuhrüberschuß von 34 Mill. DM erzielt, und 1951 war dieser bereits gut dreimal so hoch wie 1936.

Deutscher Außenhandel mit Gummiwaren
in Mill. RM/DM

Vorgang	Reichsgebiet	Bundesgebiet			
	1936	1950	1951	1952	1953 1. Halbj.
Einfuhr	4,3	18,3	19,3	11,6	5,8
Ausfuhr	41,6	52,7	137,8	103,1	58,7
darunter					
Fahrzeugdecken .	9,9	17,5	54,5	38,9	20,7
Techn. und chirur- gische Schläuche .	2,3	3,5	7,9	6,5	4,0
Treibriemen . . .	1,1	2,8	5,7	7,7	3,8
Gummischuhe . .	0,5	3,5	5,8	3,4	1,4
Kautschukgespinste	6,5	4,4	11,6	6,8	.
Außenhandelssaldo . .	+ 37,3	+ 34,4	+ 118,5	+ 91,5	+ 52,9

Quelle: Amtliche Außenhandelsstatistik.

Während die Ausfuhr von 1936 wertmäßig bereits 1950 infolge der angestiegenen Preise übertroffen wurde, lag das Exportvolumen noch um rund ein Drittel unter dem von 1936. Erst 1951 wurde bei einer Ausfuhr von knapp 23 000 t das Volumen von 1936 um 13 % über= schritten. Zwar konnte die Ausfuhr von Gummiwaren nicht auf dieser Höhe gehalten werden; sie erreichte aber trotz rückläufiger Preise, verschärfter Konkurrenzverhältnisse und Import= restriktionen einiger Länder auch 1952 einen Wert von über 100 Mill. DM. Für 1953 ist da= gegen wieder mit einer höheren Ausfuhr zu rechnen.

Die Zusammensetzung der Exporte hat sich seit 1936 wesentlich verschoben. Während der Anteil der Fahrzeugdecken an der gesamten Gummiwarenausfuhr von knapp 25 % vor dem Kriege auf nahezu 40 % im Durchschnitt der letzten beiden Jahre angestiegen ist, ist der Anteil von Kautschukgespinsten in der gleichen Zeit von 15 % auf etwa 7 % abgesunken.

Hinsichtlich der Absatzmärkte ist bis 1951 im großen und ganzen eine Annäherung an die Vorkriegsverhältnisse erfolgt. Mit gut 70 % ging fast der gleiche Anteil der deutschen Gummiwarenausfuhr in die europäischen Länder wie 1936. 1952 hat sich der Anteil Europas verringert. Die Importrestriktionen Frankreichs und Englands haben dazu geführt, daß die Exporte nach diesen Ländern stärker zurückfielen. Ebenfalls verringert hat sich der Anteil der westdeutschen Gummiwarenausfuhr in den südafrikanischen Raum. Dagegen konnte der Ab= satz nach Asien durch eine kräftige Steigerung der Ausfuhr nach dem Iran verstärkt werden.

Vor dem Kriege zählten Großbritannien, die Niederlande, Schweden und die Schweiz zu Deutschlands besten Kunden. 1952 sind die Schweiz, die Niederlande und Belgien die größten Abnehmer der westdeutschen Gummiindustrie gewesen, während die Ausfuhr nach Groß= britannien nicht mehr ins Gewicht fällt.

Ausfuhr der westdeutschen Gummiindustrie nach Erdteilen und Ländern

Erdteile Land	1936		1950		1951		1952	
	Reichsgebiet		Bundesgebiet					
	Mill. RM	Anteil in Proz.	Mill. DM	Anteil in Proz.	Mill. DM	Anteil in Proz.	Mill. DM	Anteil in Proz.
Ausfuhr insgesamt	41,6	100,0	52,7	100,0	136,1	100,0	103,2	100,0
davon nach:								
Europa	30,6	73,5	42,2	80,1	96,0	70,5	69,0	66,8
darunter:								
Belg.-Luxembg.	2,0	4,8	4,6	8,7	13,3	9,8	8,2	7,9
Frankreich	1,4	3,4	5,6	10,6	14,7	10,8	5,2	5,0
Großbritan.	4,3	10,3	0,3	0,6	2,1	1,5	1,8	1,7
Niederl.	4,5	10,8	6,4	12,1	11,2	8,2	8,9	7,9
Schweiz	2,9	7,0	7,4	14,0	12,5	9,2	8,5	8,9
Afrika	1,2	2,9	0,6	1,1	5,6	4,1	7,4	7,2
Asien	4,6	11,1	2,8	5,3	13,3	9,8	15,8	15,3
Nord-u. Mittelamerika	1,1	2,6	2,5	4,7	6,6	4,8	4,2	4,1
Südamerika	3,9	9,4	4,4	8,4	13,3	9,8	6,3	6,1
Australien u. Ozeanien	0,2	0,5	0,2	0,4	1,4	1,0	0,5	0,5

Quelle: Amtliche Außenhandelsstatistik.

Zwischen Hausse und Baisse

Infolge der Abhängigkeit von den ausländischen Rohstoffmärkten ist die deutsche Gummiwarenindustrie eng mit der Außenwirtschaft verflochten. Aus dieser Verflechtung ergeben sich naturgemäß eine Reihe von Problemen, deren Lösung zum großen Teil von der allgemeinen konjunkturellen Entwicklung in der Welt und von der Preisgestaltung auf den Weltwarenmärkten abhängig ist, wobei auch politische Faktoren häufig eine große Rolle spielen. Am deutlichsten zeigte sich dies während der Jahre 1950–1952. Durch Zurückhaltung von Kautschuk in Indonesien (Währungsunsicherheit und witterungsbedingter Erzeugungsrückschlag) waren die Preise bereits im 1. Halbjahr 1950 leicht angestiegen. Gerade als das Angebot wieder zunahm und sich eine rückläufige Preisbewegung andeutete, löste der Korea=Konflikt eine besonders intensive Hausse aus. Innerhalb eines halben Jahres stiegen die Kautschuknotierungen an der New Yorker Börse um über 100 %; der Preisauftrieb an der Londoner Börse war noch größer. Die Preisspitze wurde etwa um die Jahreswende 1950/51 erreicht. Die Hausse am Kautschukmarkt wurde durch die Stockpiling=Käufe einiger Großmächte verstärkt (die USA planten rund 1 Mill. t einzulagern); die Nachfrage konnte jedoch immer befriedigt werden.

Der Preisumbruch ging auf Maßnahmen der US=Regierung zurück. Diese hatte die Naturkautschukeinfuhr in eigener Regie übernommen und die bis dahin zum großen Teil stilliegenden Kunstkautschukfabriken wieder anlaufen lassen. Die Einschränkung der Stockpiling=Käufe und umfangreiche Verbrauchsrestriktionen übten einen weiteren Druck auf die Naturkautschukpreise aus. Im Herbst 1952 wurde das Preisniveau aus der Zeit vor Ausbruch des Korea=konfliktes bereits wieder unterschritten (Juni 1950: 2,94 DM/kg; Oktober 1952: 2,52 DM/kg). Nach einer vorübergehenden kräftigen Erholung der Preise um die Jahreswende 1952/53, bedingt durch die chinesischen Abschlüsse mit Ceylon, verstärkte sich der Druck auf die Preise unter dem Eindruck der politischen Entspannung wieder. Seit Frühjahr 1953 befindet sich der Kautschukmarkt in einer ausgesprochenen Baisse. Die Kautschukpreise gingen auf allen Märkten auf das niedrigste Niveau seit Ausbruch des Korea=Konfliktes zurück.

So erfreulich ein günstiger Preis auf den ersten Blick für die Importländer auch sein mag, so dürfen doch auch die Rückwirkungen niedriger Naturgummipreise nicht übersehen werden. Eine anhaltende Baisse am Kautschukmarkt könnte die seit 2 Jahren sinkende Naturgummiproduktion weiter abfallen lassen, nachdem die Erneuerung der z. T. sehr alten Pflanzungen zunehmend erschwert wird. Die sinkenden Preise für Naturkautschuk beeinträchtigten auch den Wiederaufbau der deutschen Kunstkautschukproduktion, die seit längerer Zeit in den Preisen nicht mehr mit dem Naturkautschuk konkurrieren kann (s. o.).

Die Kautschukpreiserhöhungen während des 1. Halbjahres 1950 konnten noch von der Industrie aufgefangen werden. Als sich dann aber der Anstieg verstärkt fortsetzte und die Preise für die übrigen Rohstoffe, besonders für Gewebe sich ebenfalls erhöhten, mußte diese Kostensteigerung auch in den Verkaufspreisen der westdeutschen Gummiwarenindustrie ihren Niederschlag finden.

Der Rohkautschukmarkt zwischen Hausse und Baisse

Zeitabschnitt	Preise in		Umgerechnet in DM/kg		Deutscher Inlandspreis DM / kg[2]
	New York c/lb	London d/lb	New York[1]	London	
1950					
Januar	18,33	14,86	1,70	1,60	1,60
April	23,52	19,33	2,18	2,06	2,20
Juli	46,11	28,58	4,28	2,23	3,00
September	56,89	45,13	5,26	4,90	4,80
November	73,26	59,44	6,79	6,40	6,40
1951					
Februar	73,39	67,18	6,80	7,25	7,60
April	66,00	57,88	6,10	6,25	6,20
Juni	66,00	44,52	6,10	4,80	4,90
August	52,00	44,24	4,80	4,80	4,85
Dezember	52,00	41,19	4,80	4,45	4,50
1952					
März	50,50	33,12	4,68	3,58	3,64
Mai	48,50	31,80	4,40	3,43	2,80
Juli	38,00	27,20	3,25	2,94	2,81
Oktober	27,25	21,38	2,52	2,31	2,40
Dezember	31,50	27,00	2,92	2,92	3,00
1953					
Januar	30,00	24,80	2,78	2,68	2,75
März	26,85	22,00	2,48	2,38	2,38
August	22,07	19,12	2,04	2,06	2,07
Oktober	20,75	17,44	1,92	1,88	1,85
Dezember[3]	21,50	18,06	1,99	1,95	.

1) Die Preise waren 1951 vorübergehend gebunden. — 2) Auf Grund des Lagerbestandes kalkulierter Mischpreis. — 3) 1. Woche.

Quelle: Amtliche Preisnotierungen und Berechnungen des Ifo-Instituts

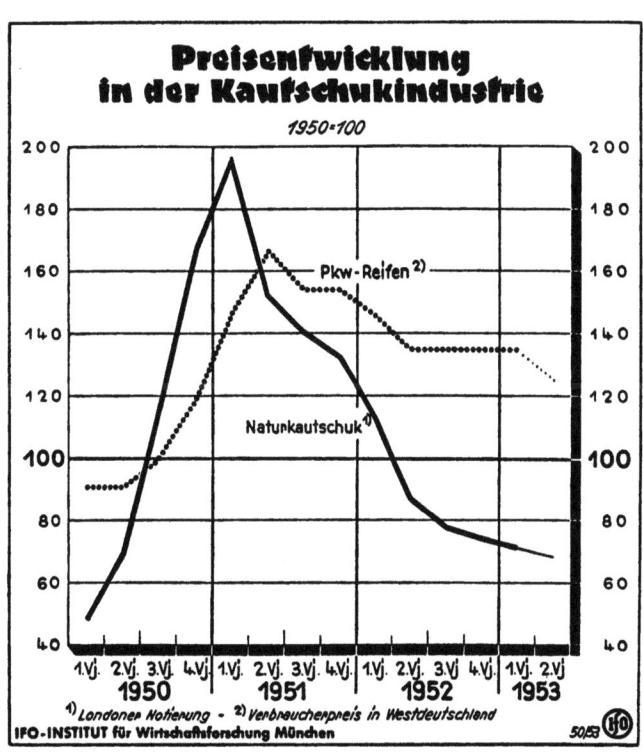

Das nebenstehende Schaubild läßt den zeitlichen Abstand in der Bewegung der Fertigwarenpreise gegenüber dem Hochschnellen der Rohkautschukpreise erkennen. Im August 1950 wurden zum ersten Male die Preise für Decken um 4 bis 8 %, für Schläuche um 5 bis 7 % erhöht. Dieser Preiserhöhung folgten weitere in den Monaten September und November 1950. Von diesem Monat an wurde der Gesamtpreis in einen Grundpreis und einen Teuerungszuschlag zerlegt, um den vorübergehenden Charakter der Preiserhöhungen zu dokumentieren. Im April 1951 kam es nochmals zu Preiserhöhungen, obwohl die Weltmarktpreise bereits zurückfielen, da noch immer Rohstoffvorräte vorhanden waren, die zu einem früheren Zeitpunkt teurer eingekauft worden waren, und zu Mischpreisen kalkuliert wurden.

S 13

Kraftfahrzeugreifenpreise einiger wichtiger Größen
im Bundesgebiet in DM

Zeit	PKW-Reifen 5,50 — 16		Leichte LKW-Reifen 7,50 — 20		Schwere LKW-Reifen 10,00 — 20	
	Decke	Schlauch	Decke	Schlauch	Decke	Schlauch
1950						
Juli	47,90	5,80	200,00	15,10	439,00	30,50
August	51,80	6,70	211,00	17,40	456,50	35,10
September	55,70	7,00	224,50	18,30	477,50	36,90
November	64,45	8,35	259,65	21,80	556,45	43,95
1951						
Januar	76,80	9,60	312,00	25,00	668,00	50,40
April	90,40	10,90	367,50	28,50	786,50	57,50
Juli	83,20	10,00	338,00	26,20	723,50	52,90
1952						
Januar	76,70	10,00	322,00	26,20	689,50	52,90
April	71,30	9,30	299,50	24,40	641,00	49,20
1953						
März	66,00	8,60	269,50	22,00	564,00	43,30
Oktober	64,00	8,30	256,00	21,10	533,00	41,10

Quelle: Eigene Informationen.

Erst ab Juli 1951 folgten die Reifenpreise der Preistendenz am Rohkautschukmarkt. Die Preissenkung im März 1953 um 5 bis 10 % zu Beginn der zweiten internationalen Automobil=ausstellung in Frankfurt wurde durchgeführt, nachdem die Rohkautschukpreise am Welt=markt seit Januar erneut zurückgegangen waren und die Nachfrage nach Reifen entsprechend der Jahreszeit schwach blieb. Gleichzeitig wurde die Preisbindung der zweiten Hand wieder eingeführt, um den gegenseitigen Preisunterbietungen beim Handel entgegenzuwirken. Mitte Oktober 1953 wurden die Verkaufspreise für Kfz.=Reifen abermals gesenkt.

Da der Materialkostenanteil am Erzeugerpreis bei Reifen und sonstigen Gummiwaren mit durchschnittlich 50 bis 60 % recht hoch liegt, haben die Schwankungen des Kautschukpreises zu großen Schwierigkeiten und Risiken in der Kautschukindustrie geführt und die Ertragslage bisweilen recht ungünstig beeinflußt.

Zur Ertragslage der Gummiwarenindustrie[1])

Bezeichnung der Kennziffer	Einheit	Reichs-gebiet	Bundesgebiet			
		1936	1949[2])	1950	1951	1952
Umsatz je Beschäftigten . . .	RM/DM	8.597	16 463	19 474	25 219	25 745
Löhne und Gehälter je 1 000 DM Umsatz	"	241	162	173	147	164
Lohnkosten je geleistete Arbeitsstunde	"	.	1,42	1,46	1,57	1,63
Produktivität je Arbeiter-stunde	1936 = 100	100	88	93	101	103

1) Einschließlich Asbestverarbeitung, die am Umsatz 1936 nur mit fast 8 % und 1951 mit rund 4 % beteiligt war. — 2) Ohne franz. Zone.

Quelle: Industriebericht (Betriebe mit 10 und mehr Beschäftigten)

Die annähernde Verdoppelung des Umsatzes je Beschäftigten bis zum Jahre 1949 gegenüber der Vorkriegszeit ist ausschließlich auf das erhöhte Preisniveau zurückzuführen. Auch der An=stieg in den beiden folgenden Jahren geht zum größten Teil auf die durch die Korea=Hausse bedingten Preiserhöhungen zurück. Durch höhere Betriebsausnutzung und Rationalisierungs=maßnahmen ist jedoch auch eine echte Leistungssteigerung erzielt worden, die u. a. daran zu erkennen ist, daß der Umsatz je Beschäftigten im Jahre 1952 trotz Preisermäßigungen weiter leicht angestiegen ist. Die Preisermäßigungen haben im Verein mit Lohn= und Gehaltserhö=hungen wieder zu einer Erhöhung der Lohnquote im Jahre 1952 geführt.

Die Schwankungen des Rohkautschukpreises haben auch in den übrigen Einfuhrländern ähnliche Schwierigkeiten wie in Westdeutschland verursacht. Daher sind seit langem Bestre=

bungen im Gange, zu einer Marktregulierung zu gelangen. So wurde die Schaffung eines internationalen Pufferstocks vorgeschlagen, um die starken Preisschwankungen auszugleichen. Bisher verliefen aber alle diese Verhandlungen ergebnislos.

III. ASBESTVERARBEITUNG.

Struktur Asbest ist im Gegensatz zu allen anderen organischen Fasern, die auf Kohlenstoff aufgebaut sind, unverbrennbar. Als hitzebeständiges, weitgehend säurefestes, zur elektrischen Isolierung geeignetes und wasserabstoßendes Material wird es in den verschiedensten Wirtschaftszweigen benötigt. Der abgebaute Asbest wird geliefert als:

Rohasbest und Fasern der Sorte 1—5,
kurze Fasern der Sorte 6—8 und Sand.

Die hochgradigen Fasern werden vielfach versponnen und zu Textilprodukten verarbeitet (Garne, Gewebe, Anzüge). Die kurzen Fasern und der Sand werden als Filzeinlagen für verschiedene Materialien verarbeitet oder zu Platten gepreßt (Asbestplattenpappe).

Das Fabrikationsprogramm der Asbestindustrie umfaßt Gespinste, Gewebe und Spinnstoffwaren (Garne, Bänder, Schuhbekleidungen, Packungen, Isolierbänder), Asbest=Kautschukwaren, Asbestplatten und daraus hergestellte Formstücke, Hochdruckdichtungsplatten, Brems= und Kupplungsmaterialien, Filtriermaterial, Anstrichmassen, Steinholzfabrikate u. a. m.

Im Jahre 1936 beschäftigte die Asbestindustrie im damaligen Reichsgebiet 4 763 Personen. Der Auslandsumsatz war mit etwa 5 Mill. RM, d. h. mit einer Exportquote von 13,2 %, relativ hoch. Mit einem Umsatz von 37 Mill. RM war die Asbestindustrie am Gesamtumsatz der Gummi= und Asbestverarbeitung mit 8 % beteiligt. Ihr Anteil am Auslandsumsatz betrug sogar 13 %.

Die deutsche Asbestindustrie
im Jahre 1936

Bereich	Einheit	Asbestindustrie	Anteil an der Gummi- und Asbestindustrie in Prozent
Beschäftigte	Personen	4 763	8,4
Löhne und Gehälter	1 000 RM	8 794	7,5
Umsatz	1 000 RM	37 450	7,6
Auslandsumsatz	1 000 RM	4 952	12,5

Quelle: Die Deutsche Industrie, Gesamtergebnisse der amtlichen Produktionsstatistik 1936

Brems= und Kupplungsbeläge waren am Gesamtumsatz mit rund einem Drittel beteiligt, It= Platten mit 17 %, Gewebe= und Konfektionsartikel sowie Kautschukasbestfabrikate je mit knapp 10 %.

Das Schwergewicht der deutschen Asbestverarbeitung lag vor dem Kriege in Sachsen, wo rund ein Drittel dieses Industriezweiges beheimatet war. Weitere Schwerpunkte befanden sich in Nordrhein=Westfalen, Hamburg und Württemberg=Baden.

Standorte der deuschen Asbestindustrie
im Jahre 1939

Land / Zone	Betriebe	Beschäftigte	
		Personen	Prozent
Damaliges Reichsgebiet . . .	102	5 574	100,0
davon:			
Jetziges Bundesgebiet[1] .	54	3 204	57,5
darunter:			
Hamburg	5	831	14,9
Nordrhein-Westfalen .	16	948	17,0
Hessen	3	229	4,1
Württemberg-Baden .	14	754	13,5
Berlin	6	186	3,3
Sowjet. Zone und Gebiete östl. Oder/Neiße . . .	42	2 184	39,2
darunter:			
Brandenburg	1	218	3,9
Sachsen	32	1 698	30,5

[1] Einschließlich Saargebiet

Quelle: Statistisches Handbuch von Deutschland 1928—1944.

Im Hauptproduktionsgebiet Sachsen wurden die 5 führenden Betriebe voll demontiert, wodurch u. a. die Anlagen zur Herstellung von Brems= und Kupplungsbelägen zu 60 % betroffen wurden. Nachdem dieses Gebiet für Westdeutschland ausfiel, hat sich der Anteil der Asbestverarbeitung an der Industriegruppe Gummi und Asbest in Westdeutschland auf gegenwärtig weniger als 5 % verringert.

Kanada — Hauptlieferant für Asbest

Der Asbest als Rohstoff muß eingeführt werden. Die Welterzeugung von Asbest ist in Kanada konzentriert (über 70 %). Bedeutende Asbestvorkommen befinden sich noch in der Sowjetunion, in Südrhodesien und Südafrika. Die nachfolgende Tabelle gibt einen Überblick über die Gewinnung in den Hauptproduktionsländern, außer der UdSSR, die keine Zahlen darüber veröffentlicht.

Die Hauptproduzenten für Asbest

Erzeugung in 1000 t

Jahr	Kanada	Rhodesien	Südafrika
1938	263	53	21
1947	692	49	27
1948	649	63	47
1949	520	72	64
1950	793	79	79
1951	878	71	97
1952	843	.	.

Quelle: Fachzeitschrift „Kautschuk und Gummi", Statistisches Jahrbuch für die Bundesrepublik Deutschland 1952.

Obwohl sich die Asbestgewinnung gegenüber der Vorkriegszeit wesentlich erhöht hat, konnte sie mit dem Weltbedarf nicht Schritt halten. Die westdeutschen Asbestimporte aus Kanada waren seit dem Zusammenbruch bisher immer ungenügend. In den ersten Jahren blieb die Versorgung wegen der Einfuhrschwierigkeiten und der Streiks in den Asbestgruben begrenzt. Seit dem Ausbruch des Koreakonfliktes traten die USA am kanadischen Asbestmarkt als Hauptabnehmer auf. Mit einer besseren Versorgung aus Kanada ist erst 1954 zu rechnen. Auch Südrhodesien, der Hauptlieferant Deutschlands vor dem Kriege, ist weitgehend ausgefallen. Dagegen gewinnt Südafrika, das vor dem Kriege nur Blauasbest und Amosite lieferte, für die westdeutsche Asbestindustrie als Rohstofflieferant an Bedeutung.

Einfuhr von Asbest

in die Bundesrepublik

Land	1950		1951		1952		1953 1. Halbj.	
	t	1000 DM	t	1000 DM	t	1000 DM	t	1000 DM
Einfuhr insgesamt	13 857	10 287	25 328	19 121	37 161	33 856	12 455	11 208
darunter aus:								
Kanada	7 207	4 485	12 871	7 015	20 403	13 301	7 644	4 992
USA	2 567	2 137	1 449	1 494	2 645	1 801	186	184
Südafrika . . .	2 022	2 113	6 470	6 873	8 865	12 551	3 178	4 235

Quelle: Amtliche Außenhandelsstatistik.

Preishandicap der westdeutschen Asbestindustrie

Die großen kanadischen Grubengesellschaften verkaufen ihre Rohstoffe zu einheitlich festgelegten Preisen. Nur in größeren Zeitabständen werden diese den Veränderungen der Produktion und der Märkte angepaßt. Im Gegensatz dazu steht die Preispolitik der südafrikanischen und zum Teil auch der südrhodesischen Gruben, die die Chancen der jeweiligen Konjunktur auszunutzen versuchen. Auf diese aber ist die westdeutsche Industrie besonders hinsichtlich des weißen Spinn= und Schieferfaserasbestes angewiesen.

Die kanadischen Gruben hatten im Frühjahr 1949, im Oktober 1950 und Anfang 1951 ihre Preise heraufgesetzt. Im Laufe dieser 3 Jahre sind die kanadischen Asbestpreise durchschnittlich um 50 bis 60 % gestiegen. Gegenüber der Zeit vor dem 2. Weltkrieg ergibt dies eine Erhöhung um ca. 200 %, die für Westdeutschland infolge des ungünstigeren Umtauschverhält=

nisses für Dollar eine Steigerung um 270 % bedeutet. Die südrhodesischen Asbestpreise hatten während der Korea=Hausse sogar noch stärker angezogen und lagen um etwa das 2—3 fache über den kanadischen Notierungen.

Da die kanadische Ausfuhr von Asbest auch in den nächsten Jahren zum größten Teil nach den USA gehen wird, ist die westdeutsche Asbestindustrie weiterhin gezwungen, ihren Rohstoffbedarf in größerem Umfange aus Südafrika zu decken. Sie hat daher mit höheren Roh= stoffkosten zu kalkulieren als jene Verarbeiter, die ihren Asbest aus Kanada beziehen.

Schwerer Start nach dem Zusammenbruch

Die Rohstoff= und anderen Nachkriegsschwierigkeiten lasteten zunächst schwer auf der west= deutschen Asbestverarbeitung. Erst die Geldumstellung und Rohstoffimporte im Rahmen des Marshall=Planes schufen die notwendigen Voraussetzungen für das Wiederanlaufen. In der Zeit des Korea=Booms entwickelte sich besonders die Produktion von Asbestplatten sowie von Hochdruckdichtungsplatten und Brems= und Kupplungsbelägen günstig. Im 1. Halbjahr 1951 hielt der Anstieg von Produktion und Umsatz insgesamt noch an, wenn auch in wesent= lich abgeschwächtem Ausmaße. Im 2. Halbjahr blieb die Produktion fast unverändert. Ins= gesamt wurden 1951 im Bundesgebiet Asbestwaren im Werte von 61 Mill. DM hergestellt. (1936: 39 Mill. RM.) 1952 kam es zu einem leichten Rückgang der Produktion. Für das Jahr 1953 ist keine wesentliche Änderung zu erwarten.

Produktion von Asbestwaren
im Bundesgebiet

Zeit	Asbest- waren insgesamt Mill. DM	darunter			
		Asbest- gespinste	Asbest- Kautschuk- waren	Asbest- u. It-Platten	Brems- u. Kupplungs- material
		Tonnen			
1951					
1. Quartal	14,4	134	102	1 716	187
2. Quartal	15,9	159	106	1 752	191
3. Quartal	15,5	149	115	1 477	175
4. Quartal	15,5	147	104	1 624	238
Jahr	61,3	589	427	6 569	791
1952					
1. Quartal	14,3	168	87	1 335	367
2. Quartal	14,1	176	74	1 084	362
3. Quartal	14,3	190	53	1 112	407
4. Quartal	14,8	220	89	1 343	375
Jahr	57,5	754	303	4 874	1 511
1953					
1. Quartal	14,9	162	78	1503	350
2. Quartal	13,8	155	43	1293	343

Quelle: Industriebericht (Betriebe mit 10 und mehr Beschäftigten)

1952 hat die Erzeugung von Asbestgespinsten sowie Brems= und Kupplungsmaterial weiter zugenommen, während die Asbestkautschukwaren stark zurückgefallen sind. Bei Asbest= und It=Platten ist ein einwandfreier Vergleich mit dem Vorjahr wegen Änderung der Statistik nicht möglich.

Den größten Anteil an der Gesamtproduktion hatten 1951 Asbest= und It=Platten (34 %), Asbestgewebe (21 %) sowie Brems= und Kupplungsmaterial.

Wieder aktive Außenhandelsbilanz

Die Ausfuhr der westdeutschen Asbestindustrie stieg von 0,3 Mill. DM 1949 auf 7,7 Mill. DM im Jahre 1951. Damit wurde das Exportergebnis von 1936 wertmäßig um 38 % übertroffen. Das Exportvolumen allerdings lag 1951 mit 3500 t noch um 30 % unter dem von 1936. Die Einfuhr von Asbestwaren erhöhte sich im gleichen Zeitraum von 2,1 Mill. DM auf 3,2 Mill. DM. Während in der Vorkriegszeit die Außenhandelsbilanz der deutschen Asbestindustrie stark aktiv war, wurde bis 1950 die Ausfuhr von der Einfuhr übertroffen. Erst 1951 wurde ein Ausfuhrüberschuß von 4,6 Mill. DM erzielt. Den weitaus größten Anteil an der Asbestwarenausfuhr hatten It=Platten mit rund 2,3 Mill. DM; an zweiter Stelle standen Asbestgewebe und Asbestgewebeplatten.

Deutscher Außenhandel mit Asbesterzeugnissen
in 1000 RM/DM

Vorgang	Reichsgebiet	Bundesgebiet			
	1936	1949[1])	1950	1951	1952
Einfuhr	211	2 054	2 528	3 162	4 022
Ausfuhr	5 616	282	2 314	7 742	7 262
darunter:					
Papier und Pappe[2])	1 580	14	515	3 760	.
Garne und Schnüre	582	12	102	225	.
Asbestgewebe und -gewebeplatten .	748	37	152	560	1 248
Außenhandelssaldo . .	+ 5 405	— 1 772	— 214	+ 4 580	+ 3 240

1) Ohne französische Zone. — 2) Auch mit Zusatz von Kautschuk (einschl. It- und Asbestzementplatten).

Quelle: Amtliche Außenhandelsstatistik.

Vor dem 2. Weltkrieg gingen über 80 % der gesamten deutschen Ausfuhr von Asbestwaren nach Europa. Die besten Kunden waren Italien, die Schweiz, Schweden, Österreich und Rumänien. 8 % gingen nach Südamerika, 6 % nach Asien (China, Japan, Britisch= und Niederländisch=Indien) und je 1 % nach Afrika und Australien. 1950 glich die regionale Struktur der westdeutschen Ausfuhr von Asbestwaren etwa der von 1936. 1951 ist vor allem der Anteil der überseeischen Länder gestiegen. Nur noch 50 % der westdeutschen Asbestwarenausfuhr gingen in die europäischen Länder, über 40 % nach Südamerika und etwa 5 % nach Asien. Unser Hauptabnehmer war 1951 Argentinien, das am westdeutschen Asbestwarenexport allein schon einen Anteil von knapp 35 % hatte. Innerhalb Europas war die Schweiz der beste Kunde; es folgten die Niederlande, die Türkei, Belgien, Schweden, Finnland, Dänemark und Frankreich. 1952 ist der Anteil der europäischen Länder wieder auf fast zwei Drittel gestiegen, auch die westdeutsche Asbestwarenausfuhr in die asiatischen Länder hat wieder zugenommen, während der Anteil Südamerikas auf fast ein Achtel abgesunken ist.

IV. Ausblick

Für die Beurteilung der Zukunftsaussichten in der westdeutschen Gummi= und Asbestindustrie sind zwei Faktoren von besonderer Bedeutung:

1. Die Entwicklung des Rohkautschukmarktes in Asien und des Asbestmarktes in Kanada, Südrhodesien und Südafrika von der Rohstoffseite her.

2. Die Entwicklung des westdeutschen Inlandsmarktes von der Absatzseite her.

Die Rohkautschukversorgung ist z. Z. ausreichend. Auch für die nächsten 2 bis 3 Jahre ist hier mit keiner wesentlichen Verknappung zu rechnen. Dagegen werden die Asbesteinfuhren aus Kanada zunächst noch den Bedarf nicht ganz decken. Eine Besserung ist hier 1954 zu erwarten.

Die Zukunftsaussichten der Reifenindustrie hängen in starkem Maße von der Entwicklung im Fahrzeugbau ab. Bei dem gegenwärtig relativ niedrigen Stand der Motorisierung in Westdeutschland ist hier auf längere Sicht ein weiterer Anstieg durchaus zu erwarten, woran das Erstausstattungsgeschäft für Reifen partizipieren wird. Auch der Ersatzbedarf dürfte sich nach dem guten Geschäftsverlauf im Fahrzeugbau während der letzten Jahre, von saisonalen Schwankungen abgesehen, weiterhin gut entwickeln, zumal wenn der Gebrauchswagenmarkt gefördert wird. Für sonstige Gummiwaren sind einerseits durch den Einsatz des Kautschuks für Abfederungszwecke bei der Eisenbahn, der Verwendung von Kautschuk als Zusatzmittel zur Straßenoberdecke und insbesondere durch den Einsatz von Latex zur Herstellung von Schaumgummi neue Absatzmöglichkeiten gegeben; andererseits treten auf vielen Gebieten andere Werkstoffe (beispielsweise Kunststoffe) immer mehr in Konkurrenz mit dem Kautschuk. Daher dürften die Entwicklungschancen für die sonstigen Gummiwaren problematischer sein als für die Reifenindustrie. Auf den Auslandsmärkten sind die Möglichkeiten der westdeutschen Gummi= und Asbestindustrie relativ beschränkt.

Printed by Libri Plureos GmbH
in Hamburg, Germany